오래된 길들로부터의 위안

오래된
길들로부터의
위안

서울 한양도성을 따라 걷고 그려낸
나의 옛길, 옛 동네 답사기

글·그림 이호정

해냄

다시,
길을 걷다

대학에서 도시공학과를 졸업하고 그와 무관하게 통신사 고객 센터 상담사로 취업한 것이 1999년 봄의 일입니다. 삐삐 시대가 저물고 핸드폰이 본격적으로 보급되면서 전화가 안 터진다는 항의로 콜센터의 하루가 시작되던 시절이었어요.

여느 때처럼 잔뜩 화난 고객님들과의 통화로 쩔쩔매던 중 서울에서 박사 과정을 밟고 있던 선배로부터 전화가 걸려왔습니다. 핸드폰 너머 그는 어색한 서울 말투로 "너 요새 뭐 하니(↗)? 대학원 안 오니(↗)?"라고 말했던 것 같습니다. 순간 눈앞에 불이 번쩍했지요. 뒤에 무슨 얘기를 더 나누었는지 기억나지 않습니다만, 석 달 후 저는 고객 센터를 그만두었습니다.

2001년 1월 3일 양손 가득 짐 가방을 들고 강남터미널에 내린 저는 신림동에 사는 선배 언니의 반지하방에서 서울 생활을 시작했습니다. 그곳에서 겨울을 보내고, 학교 후문 근처에 자취방을 구해 거처를 옮겼지요. 그 후로 일 년에 한 번꼴로 여섯 번의 이사를 더 하고 나서야 '돌마리'라는 옛 지명의 흔적이 군데군데 남은 송파의 작은 빌라에 자리를 잡을 수 있었습니다.

일층 공용 현관을 나서면 '백제 초기 적석총'이 지척이었던 곳에서 꼬박 8년을 살았던 건 오랫동안 전세금을 올리지 않았던 주인아저씨 덕분이기도 했지만, 어디까지나 그곳이 저의 신혼집이었기 때문이었습니다.

서울에서의 15년은 순식간에 지나가버렸습니다. 야근이 잦은 직장을 다니며 결혼하고, 두 아이를 키우고, 눈코 뜰 새 없이 바쁜 날들이었지만, 앞의 절반은 미혼자로, 뒤의 절반은 기혼자로 약속이나 한 듯꽉 채우고는 이사할 날을 기다렸습니다. 그러나 서울을 떠나는 것은 두려운 일이었어요. 익명과 익숙함에서 비롯된 삶의 관성이, 서울을 '서울'이라고 부를 때의 떨림이 제게는 있었으니까요.

새로운 환경이 주는 설렘은 그리 오래가지 않았습니다. 근근이 해오던 일도 그만두고, 저는 등 번호만 바꿔 단 채 비슷비슷한 주자들에 떠밀려 다시 출발선 위에 선 사람처럼 보였습니다. 그렇게 우르르 달리다 보면 어디선가 더 크고 아름다운 파랑새가 나타나겠지…. 그러나 파랑새는 '저기, 멀리'가 아닌 '지금, 여기'에 있다는 이 사랑스러운 동화의 결말처럼 저도 예외는 아니었습니다.

그것은 익숙한 모습으로 제게 왔습니다. 서울에서의 15년을 거슬

낙산 정상 가는 길

러 올라가는 것, 그 길을 다시 걷는 일이었어요. 그러고 나서야 비로소 앞으로의 제 삶에 대한 실마리를 찾을 수 있을 것만 같았습니다.

도시의 역사 환경이나 경관을 공부하던 대학원 재학 시절, 시민 단체 '걷고싶은도시만들기시민연대'에서 발행하는 기관지에 도시에 관한 스케치와 서너 줄의 짧은 글을 싣게 되었습니다. 그것은 3년 동안 「도시스케치」라는 이름으로 이어졌는데, 당시 활동가로부터 글을 더 써보지 않겠냐는 권유를 받았습니다. 마침 주말이면 옛 벗들과 함께 서울의 오래된 장소들을 답사하며 지낼 무렵이었지요. 그때 보았던 풍경들은 언제나 탄성을 불러일으켰고, 놀라움을 주었으며, 무엇보다 빠듯한 서울살이에 이리저리 치이곤 했던 제게 위안이 되어주었습니다.

「이 도시를 걷다」라는 코너로 시작된 첫 원고의 장소는 최순우 옛집과 성북동 일대의 서울성곽, 지금의 서울 한양도성이었습니다. 옛집의 삐거덕거리던 대문을 열고 들어갔을 때의 두근거림, 성곽의 낮은 담장 위에서 놀던 동네 아이들 모습이 아직도 생생합니다. 이후로 기관지가 재편될 때까지 8년 동안 저의 답사는 두 달에 한 번씩 계속되었지요.

서울에서의 15년을 거슬러 올라가는 일이란, 그때 쓴 원고 중에서 한양도성 안팎의 것들을 그러모아 고치고, 빠진 부분을 채우고, 거기에 어울릴 만한 삽화를 새로 그려넣는 것이었습니다. 그러나 애초에 책을 낼 것을 생각하며 주제와 형식을 갖춰 쓴 글들이 아니었기에 적당히 고쳐 쓸 수가 없었습니다. 묵은 원고를 들추며 추억에 잠길 수는 있겠지만, 모든 원고가 현재의 시점으로 다시 기록되어야 마땅한 일이었습니다.

한편 더위가 막 시작되던 2017년 6월 3일, 아이들과 첫 답사를 다녀와서 그림을 그렸습니다. 그림이란 다분히 예술의 영역이겠으나, 그림을 그리는 일이란 고된 육체노동과 다르지 않음을 절절히 깨닫던 시간이었지요. 새롭지도, 결코 독창적이지도 않은 이 그림들을 그리며 저는 아티스트였다면 개척해야 할 세계관 대신 충실한 관찰자로서, 어떻게 하면 제가 보았던 장면들을 그림 속으로 옮겨올 수 있을지를 고민했습니다. 그 안에 서울의 오래된 풍경들이 지나가길 바라면서….

이 책은 두 아이와 함께 지난 5년간 '서울 한양도성'으로 둘러싸인 역사 도심의 안팎을 답사하며 보고, 느끼고, 고민했던 것들을 글과 그림으로 엮은 것입니다. 그곳에는 오래된 성벽 아래로 옛길과 옛 동네들이 남아 서울이라는 도시의 기억들을 불러내고 있었지요. 1부에서는 한양도성과 이어진 성곽길을, 2부에서는 한양도성 안팎의 옛길과 동네들을 거닐며, 그들이 오늘의 우리에게 전하려는 이야기들을 담담히 담아내고 싶었습니다.

인생의 한 막이 내리고 제가 주춤거리고 있을 때, 무거운 한 걸음을 떼게 했던 것은 모르는 낯선 길이 아니라, 지나온 길이었다는 사실이 놀랍기만 합니다. 그 결과물을 내놓으려니 홀가분한 만큼의 두려움이 앞섭니다. 저를 모르는 누군가가 기꺼이 시간을 내어 제 글을 읽어주고, 제 그림을 보아준다는 것을 어찌 가벼이 여길 수 있을까요. 확신하건데, 그들도 분명 길을 걷는 사람들일 것입니다.

찬란한 역사 도시 서울, 그러나 차갑고 매정할 수밖에 없는 거대 도시의 한편에서 묵묵히 자리를 지키며 버텨온 오래된 풍경들이 그에 걸맞은 존경과 찬사를 받게 되기를 바랍니다. 그들은 제게 위안과 영감을 주었고, 종종거리던 서울에서의 15년이 결코 헛되지 않았음을 알게 해주었습니다.

그렇게 여러 번 보았는데도 광화문과 그 너머 인왕산, 백악산의 모습을 바라보면 여전히 가슴이 설렙니다. 저 역시 헤아릴 수 없는 역사의 선상에 선 무수히 많은 자들 중 하나임을 깨닫습니다. 참으로 아름답다는 감동이, 대단하다는 마음이 일어납니다. 돌이켜보면 온전한 '나'로서 제게 남은 건 그 풍경 속을 거닐며 감탄하고 위로받던 순간들이었습니다. 그 사실만이 아직 끝을 알 수 없는 한 개인의 삶에 어떤 시작이 되어주리라 믿습니다.

2022년 9월
이호정

숭례문 가는 길

| 차례 |

시작하며 | 다시, 길을 걷다   4

1부 한양도성, 오래된 길들로부터의 위안

01 낯선 서울이 친밀해지던 순간 | 성북동쉼터에서 와룡공원까지   18

02 있고 없음의 차이 | 다산팔각정에서 이간수문까지   34

03 낙산에 올라 내려다보면 | 흥인지문에서 혜화문까지   50

04 혜화문 너머 다시 풍경 속으로 | 혜화문에서 최순우 옛집까지   68

05 눈앞에 옛 지도가 펼쳐진다 | 다산팔각정에서 숭례문까지   84

06 한양도성, 훼철의 시간들 | 숭례문에서 돈의문터까지   100

07 아이와의 여행법 | 돈의문터에서 인왕산 아래까지   116

08 나의 인왕산 유람기 | 인왕산 아래에서 자하문고개까지   132

09 자화상과 마주해야 할 시간 | 자하문고개와 윤동주문학관   148

10 다시 시작되는 여정 | 와룡공원에서 창의문까지   160

2부 옛길과 동네, 지나간 것들이 보내는 당부

11 부암동 봄 마실 │ 부암동과 무계정사길   176

12 자연과 하나 되는 삶의 공간 │ 백석동길과 백사실계곡   192

13 자문 밖 물길 따라 추억은 방울방울 │ 세검정과 홍지문   204

14 옛 그림과 함께 노닐다가 │ 옥류동천길과 수성동계곡   220

15 거기 있어야 비로소 빛나는 것들 │ 인사동길과 공평도시유적전시관   236

16 옛길의 흔적 사이에서 길을 잃고 │ 익선동과 돈화문 주변   250

17 그해 겨울 우리가 걸었던 │ 서울광장과 덕수궁 주변   264

18 기억에 관하여 쓰다 │ 가회동 31번지   284

19 갈림길과 막다른 길 │ 계동길과 창덕궁길   298

20 모든 것들은 오고 가고 │ 청계광장에서 오간수교까지   312

마치며 │ 걸어온 길들이 오래된 풍경이 되고…   328

참고문헌   336

한양도성 답사 지도

세검정
홍지문
옥천암
마애불
탕춘대성
백사실계곡
백석동천각자
백악곡성
숙정문
이태준가옥
심우장
성북동쉼터
최순우옛집
석파정
무계원
무계정사터
반계윤웅렬별서
창의문
청운대
백악마루
윤동주문학관
백석동길
말바위
안내소
와룡공원
복정마을
백악산
혜화문
전시안내센터
혜화문
인왕산
수성동계곡
경복궁 서측
(서촌)
경복궁
원서동
빨래터
북촌
가회동
31번지
고희동
가옥
창경궁
창덕궁
낙산
(타락산)
장수마을
필운대
인왕곡성
옥류동천길
북정
우물
돈화문
이화장
이화마을
사직단
종친부
운현궁
익선동
종묘
한양도성박물관
(흥인지문공원)
흥인지문
딜쿠샤
홍난파가옥
월암공원
경희궁 서울역사박물관
광화문
광화문광장
공평
도시유적
전시관
탑골
공원
종묘
시민광장
오간수교
가산터
이간수문
돈의문박물관마을
돈의문터
구러시아
공사관
중명전 덕수궁
구서울시청사
서울
광장
청계
광장
통통교
청계천
전태일기념관
환구단
전태일기념관
동대문디자인플라자
(역사문화공원)
광희문
소의문터
숭례문
백범광장
남산골
한옥마을
구서울역사
서울로7017
한양도성
유적전시관
잠두봉
봉수대
남산
(목멱산)
N서울타워
남소문터
다산팔각정
(성곽마루)

1부

한양도성,
오래된 길들로부터의
위안

01 낯선 서울이 친밀해지던 순간

성북동쉼터에서 와룡공원까지

다시 시작되는 이야기

이 이야기가 성북동 어느 쉼터에서 다시 시작된 것은 결코 우연이 아닙니다. 돌이켜보면 제 머릿속에 어떤 형상으로 존재하는 오래된 도시로서의 서울, 좋아하는 풍경으로서의 서울은 방문객들로 북적이는 궁궐이나 널리 이름난 관광 명소에서가 아닌, 낡은 성곽과 옛집들로 둘러싸인 여기 성북동에서 비롯되었으니까요.

무더위도 한풀 꺾여가던 2005년 늦은 여름, 저는 옛 벗들과 함께 처음으로 성북동의 성곽, 지금은 '서울 한양도성'이라 불리는 길을 걸었습니다. 서울에 올라온 지도 어느덧 5년여가 지나 더는 지하철 2호선을 거꾸로 잘못 탈 일도, 길거리에서 두리번대다 바삐 지나는 사람들에게 치일 일도 없을 만큼 서울살이에 익숙해졌지만, 여전히 서울은 낯설고 어려운 곳이었어요. 그러다 성북동 성곽 너머로 펼쳐진 풍경 앞에서 그만, 그때까지 몰랐던 서울의 이면을 보게 된 것이었습니다.

그것은 친밀감 같은 것이었습니다. 성벽 아래 다닥다닥 붙은 낡은 집들, 그 위를 에워싼 키 큰 나무들이 낮은 산등성이를 따라 기묘한 실루엣을 이루고 있었습니다. 성북동 한양도성 초입, 낮게 쌓은 여장女墻 위에 모여 앉아 무료함을 달래던 동네 아이들과 눈이 마주쳤던 그날, 그 모습은 하나의 장면으로 영구 저장 되어 오래된 도시로서, 친숙한 장소로서 서울을 떠올리는 첫 기억이 되었습니다.

그러니 이 이야기가 성북동 어느 쉼터에서 다시 시작되는 것은 전혀 이상한 일이 아닙니다. 그날 성곽 위에서 놀고 있던 아이들만 한 제 아이들을 데리고서 말이지요.

마을의 든든한
배경이 되다

짙푸르다 못해 어두컴컴한 수목들 사이로 한양도성의 성곽이 빨려 들어갈 듯 이어집니다. 이미 두어 달 전 아이들과 함께 북정마을과 성북동 일대의 옛집들을 다녀갔지만, 오늘은 작정하고 성북동쉼터에서 이어지는 한양도성의 안길과 바깥길을 걸어볼 참입니다.

성북동쉼터에는 세월이 흘렀어도 휴일의 지루함은 어쩌지 못하는 동네 아이들이 모여 심드렁한 표정으로 훌라후프를 돌리다 말다 그러고 있습니다. 때마침 어르신 한 분이 커다란 강아지 한 마리를 데리고 쉼터로 들어서자, 아이들이 반가워하며 우르르 몰려갑니다. 털이 북실북실한 순둥이 강아지는 아이들에게 몸을 맡기고 먼 산만 바라보는

성북동쉼터

데, 녹아들듯 평화로운 풍경이에요.

쉼터에서 한양도성 밖으로 곧장 나갈 수는 없지만, 성북역사문화
센터를 끼고 굽은 골목길로 들어가면 성벽 아래 바짝 붙여 지은 집들
사이로 군데군데 길이 이어집니다. 시멘트로 대충 발라놓은 계단, 담

벼락 아래 심어진 흔한 푸성귀들, 녹슨 대문과 방수 천막이 덮인 낡은 지붕까지…. 성곽 옆 오래된 동네에서 흔히 보게 되는 모습이기도 하지요.

한양도성과 나란히 이어지던 오르막길이 푸슬푸슬한 흙이 깔린 평지로 바뀌자 아이들은 이제 살았다 싶은 얼굴입니다. 마을과 경계를 이루는 관목 덤불 옆으로는 다니는 이가 적은 탓에 걸을 때마다 흙먼지가 풀풀 날리는 성곽길이 계속되고, 어두컴컴한 북향의 길은 한낮임에도 성돌마다 물기를 머금은 검푸른 이끼가 한가득 덮여 있습니다.

성곽의 모퉁이를 돌자 산등성이를 타고 올라가는 한양도성의 모습이 장쾌하게 펼쳐집니다. 처음 걸어보는 길인 데다 어디선가 날벌레들이 쉴 새 없이 달려드는데도, 지형에 거슬림 없이 유연하게 얹힌 한양도성의 성곽 자락은 마치 승천하려는 백룡처럼 마을의 든든한 배경이 되어줍니다. 그러나 걸어서 갈 수 있는 길은 여기까지. 모기떼가 득실거리는 수풀에 막혀 길은 끊겨 있습니다.

갔던 길을 되짚어 성북동쉼터로 돌아왔습니다. 그새 모기에 물린 아이들의 원성이 자자하지만, 우리는 성곽 안길을 따라 와룡공원으로 출발했어요. 쾌적하게 정비된 안길은 누구라도 좋아할 만한 산책길입니다. 여장은 울타리가 되고, 숲은 그늘이 되어줍니다. 때 이른 너도밤나무 열매도 몇 개 떨어져 있어요. 얼마나 올라갔을까. 갑자기 나타난 놀이터를 그냥 지나칠 리 없는 아이들이 괴성을 지르며 뛰어가고, 저도 이참에 놀이터 벤치에 잠시 걸터앉습니다.

22

성북동 한양도성 안길

갈 길이 멀지만, 그네 타는 데 정신이 팔린 아이들을 재촉할 수 없습니다. 이것은 저의 일이지만, 동시에 아이들의 일이기도 하니까요. 남은 답사를 잘 마치기 위해서라도 이 순간을 온전히 그들의 시간으로 만들어야 합니다. 지금 아이들에게 쌩쌩 그네도 밀고, 미끄럼틀을 거꾸로 내려오며 깔깔거리는 일보다 중요한 건 없을 것입니다.

깜빡하고 놀이터 벤치 위에 두고 온 가방을 찾으러 가느라 시간이 지체되었지만, 조금 더 올라가면 작은 암문暗門이 하나 보입니다. 암문은 비상시를 대비해서 성곽 안팎을 오갈 수 있게 후미진 곳에 만든 작은 문이지요. 지금은 한양도성의 안과 밖을 넘나드는 요긴한 문이 되어 성곽길을 따라 걸을 때면 딱 그쯤에서 만나는 암문이 그렇게 반가울 수 없습니다. 안에서는 나가고 싶고, 밖에서는 들어가고 싶게 만드는 이상한 문이 바로 암문이니까요.

암문 밖으로는 북정마을이 지척입니다. 여기서부터 오른쪽으로 북정마을을 끼고 오솔길과 나무 계단을 따라 와룡공원까지 길은 이어집니다.

성저십리와
북정마을

우리는 두어 달 전 한성대입구역에서 마을버스를 타고 북정마을 곳곳을 답사했어요. 성북03번 마을버스는 비좁은 골목 사이를 경쾌하게 내달렸습니다. 종점인 북정마을 노인정에 내리니 마을은 부슬부슬 내린 비로 차분히 내려앉았고, 색색의 슬레이트와 양기와를 얹은 지붕 위로 성곽이 계속해서 이어지고 있었습니다.

노인정 앞 구멍가게에 삼삼오오 모여 앉은 동네분들, 싱그러운 물기를 머금은 나무들, 거기에 백악에서 뻗어 나온 산자락을 향해 시원하게 트인 전망까지…. 저도 어지간한 서울 동네들은 다녀보았습니다만, 진짜 서울이 맞나 싶은 생각이 절로 들 만큼 독특한 풍경이었습니다.

원래 조선 시대의 한양은 '성저십리城底十里'라 해서 도성 밖 십 리까지를 한성부의 관할로 두었습니다. 그러나 백성들 대부분은 성안에 거주했고, 성저십리에 형성된 마을이라 해도 성문 밖의 주요 길목이나 한강 변에 집중되어 있었지요. 북정마을은 풍수상 길을 내서는 안 된다는 이유로 통행이 금지되었던 숙정문 근처인 데다가, 산세가 험한 구릉지였기 때문에 사람들이 마을을 이루어 모여 살던 곳은 아니었습니다.

조선 후기 도성의 방어 체계가 재편되면서 영조 41년[1765] 북벌과 왕의 호위를 담당하던 어영청御營廳의 북둔北屯이 설치되고, 사람들을 모아 정착시킨 것이 마을의 시작이었습니다. 그러나 당시에는 큰 마을이 들어선 것은 아니었고, 일제강점기를 거쳐 한국전쟁 이후 돌아갈 곳이 없는 피란민들과 지방에서 상경한 농민들, 빈곤한 노동자들이 살 곳을 찾아 성곽 아래 집을 지어 살면서 본격적인 마을의 형태를 갖추게 되었지요.

그때의 모습은 학창 시절 국어 시간에 시인 김광섭[1905~1977]의 시로 배우며 상상했던 산동네, 달동네의 모습과 크게 다르지 않았을 것입니다. 세월이 흘러 포성이 메아리치는 산 1번지 채석장도 간데없고,

성북동 비둘기도 몰라볼 만큼 세상도, 북정마을도 변하였지만 옛 물길이 흐르던 말풍선 모양의 길을 따라 슬슬 걷다 보면 오래된 것들의 흔적이 곳곳에 남아 마을의 긴 이야기를 전해주고 있습니다.

옛 벗들과 함께한
성북동의 기억들

성북동에 가면 지금도 옛 벗들과 함께했던 기억들이 낡은 라디오에서 나오는 음악 소리가 되어 흘러가는 것 같습니다. 새로운 것들이 생기고 예전의 것들이 사라지며 변화는 다반사처럼 일어나지만, 성벽 아래 옹기종기 자리 잡은 집들과 무심한 굴림체 간판으로 만나는 동네 풍경은 기억 속의 그것과 다름없이 그대로입니다.

그때는 봄가을로 며칠간 열리던 간송미술관 특별전을 보기 위해 성북동을 찾곤 했습니다. 미술책에서나 보던 국보급 작품들이 줄줄이 공개되는 특별전이 열리는 주말이면, 줄 선 사람들 때문에 까치발로 전시를 관람했습니다. 루브르박물관에 가면 관람객이 제일 많은 곳이 〈모나리자〉 앞이라던데, 봄비가 부슬부슬 내리던 날, 조선의 풍속화가였던 혜원 신윤복[1758~?]의 〈미인도〉 앞에도 비좁은 전시실이 터져 나갈 만큼 사람들이 가득했습니다.

긴 줄을 서면서도 지루한 줄 몰랐던 몇 번의 전시회 관람은 관람을 마치고 나서 먹던 왕돈가스의 새콤한 소스 냄새와 함께 그 시절 성북동을 기억하는 아주 특별한 경험으로 남게 되었지요.

간송미술관을 나와 조금 올라가자 소설가 상허 이태준[1904~?]이 월북 전 집필 활동을 했던 아담한 한옥 한 채가 반겨주었습니다. 찻집으로 운영되고 있는 이태준 가옥은 옛 벗들과 함께 작은 쪽문을 열고 들어서던 순간부터 그렇게 좋을 수가 없었습니다. 이태준은 수필집 『무서록』에서 한양도성의 무너진 성벽을 바라보며 있긴 있으나 아무것도 아닌 것의 무상함을 이야기하였지만, 묵은 때가 끼어 반질반질해진 누마루에 앉은 우리는 각자 시킨 전통차를 맛보느라 즐겁기만 하였습니다.

이제는 누마루 명당자리를 차지하는 것이 여간한 일이 아니게 되었어도, 차를 다 마시고 나서도 쉽게 자리를 뜨지 못하는 건 그때나 지금이나 다르지 않습니다.

심우장 쪽마루에
앉으면

간간이 흩뿌리던 비도 그치고 아이들과 심우장으로 발걸음을 돌렸습니다. 만해 한용운[1879~1944]은 일제강점기가 한창이던 1933년 이 집을 짓고, 광복을 한 해 앞두고 돌아가실 때까지 이곳에서 살았습니다.

만해 한용운의 심우장

조선총독부를 마주 보기 싫다며 산비탈 북향 터를 찾아 집을 지은 일
화는 우리에게도 널리 알려져 있지요. '심우尋牛'란 불교에서 인간의
본래 자리를 찾아 깨달음에 이르는 과정을 동자가 소를 찾아가는 과
정에 비유한 것인데, 어쩐지 그의 집의 이름으로 이보다 어울리는 것

은 없을 것 같았습니다.

이곳이 시민들에게 개방된 것은 훨씬 나중의 일이어서 옛 벗들과 성북동 동네를 드나들던 시절에는 지척에 심우장이 있는 줄도 몰랐습니다. 마당에 들어서자 뭐에 홀린 듯 심우장 쪽마루로 가서 걸터앉았습니다. 답사할 일은 잠시 제쳐두었습니다. 여름비 머금은 나무들이 어찌나 싱그럽던지, 청량하고 알싸한 나무 내음이 마당을 한가득 채우고 있었지요.

대문을 밀고 들어오는 사람마다 짓는 표정이 저와 다르지 않았습니다. 사람들은 냉큼 들어서지 못하고 고개를 좌우로 돌려 둘러본 다음에야 걸음을 옮겼습니다. 울창한 나무 사이로 바깥 풍경을 내다보는 사람도, 서둘러 집 안으로 들어가는 사람도 모두 북향의 터에 자리 잡은 이 옛집에서 비슷한 무언가를 느꼈을 것입니다.

그러고 나서야 장작불 피워 밥 짓고, 마당에 쌓인 낙엽 쓸고, 늦게까지 글을 쓰다 새벽녘에나 잠이 들었을 한 사람의 소박한 살림집으로서의 정경이 애틋하게 전해지는 것이었습니다.

쪽마루에 걸터앉아 군데군데 빗물이 고인 마당을 바라보았습니다. 한번 앉으면 일어서기 싫은 곳이 쪽마루잖아요. 비는 그치고 구름 사이를 헤집고 나온 말간 해는 뒷산에 가리었지만, 소나무도 은행나무도 그가 심었다는 아름드리 향나무도 푸르기만 해서 마지못해 털고 일어서는 자리조차 그런 푸른색으로 물이 들 것만 같았습니다.

우리보다 훨씬
오래전부터

야자 매트가 깔린 오솔길이 끝나고 와룡공원으로 이어지는 나무 계단입니다. 한 칸 한 칸 올라가다 뒤돌아보면 가늠할 수 없는 긴 시간의 흔적들이 하나의 장면으로 모아집니다. 사람들은 말바위 안내소 쪽으로 그대로 지나가고 우리는 와룡공원 입구에서 멈추어 섭니다. 여기서부터 백악마루를 지나 창의문까지는 단풍이 깊게 든 날을 잡아 올라볼 참입니다. 잠시 서서 크게 굽이지는 한양도성의 성곽을 따라 아이들과 걸어온 길들을 되짚어봅니다.

오래된 돌들과 바람결대로 흔들리는 나무, 그리고 긴 세월을 함께 해 온 이웃이 있는 삶의 모습이 낡은 성곽 아래로 이어집니다. 무엇보다 서로 다른 시기에 쌓은 성돌들이 한데 어우러지고 있다는 사실이 놀랍습니다. 원래의 돌과 새로 올린 돌이 저렇게 조화로운 형태로 결합되기까지 얼마나 많은 시간이 필요했을까. 긴 시간 수많은 땀과 상처투성이의 손들이 저곳을 스치고 지나갔을 것입니다.

그 시간과 수고의 흔적들이 오래된 풍경이 되어 전해집니다. 그러니 낮은 산자락을 타고 이어지는 한양도성을 보며 우리가 감탄하는 이유는 단지 지키고 보존해야 할 자랑스러운 문화재이기 때문만은 아닐 것입니다. 어쩌면 무너지고 다시 쌓고를 거듭하며 우리보다 훨씬 오래전부터 거기 있었고, 우리보다 훨씬 오랜 뒤까지 그 자리에 남게 되리란 사실로부터 그것이 전하려는 의미를 찾게 되진 않을지….

잡목 덤불 너머로 서울의 도심 풍경이 아스라하게 펼쳐집니다. 여기서는 앞으로 가야 할 길들이 보이지 않습니다. 그러나 일부러 찾아가든 우연히 만나든, 우리가 걸어가는 한 그곳에서 무수한 시간과 수많은 사건을 지나온 오래된 풍경들과 마주하게 될 것입니다. 그들을 어떤 모습으로 다시 보게 될지 지금은 알 수 없지만, 대단한 역사유적을 탐방하기 위한 여정만은 아닐 테지요.

늦여름의 습한 바람 한 줄기가 산자락을 타고 넘어갑니다. 마을버스를 타려고 성균관대학교 후문으로 향하는 길 위로 벌써 마른 잎들이 떨어져 있습니다. 몇 번 와봤다고 익숙하게 앞장선 아이들의 목덜미가 땀 때문인지 얼룩덜룩해 보입니다. 아이들 이마를 타고 흘러내린 땀도 진즉 검은 땟물처럼 변해 있을 것입니다.

종로02번 마을버스는 감사원을 지나 북촌 한가운데를 가로질러 내달립니다. 머리에 히잡을 두른 한 무리의 외국인 관광객들이 능숙하게 교통카드를 찍으며 올라탑니다. 오랜만이네요, 여기 북촌도. 마을버스 차창 밖으로 눈에 띄는 몇몇 풍경들이 그사이 시간이 흘렀음을 말해 줍니다. 이렇게 다시 찾게 되기까지 얼마나 많은 것들이 이곳을 훑고 지나갔을까. 그것도 길을 걷는 동안 조금씩 알아가게 될 것입니다. 잠시 후 사람들이 우르르 내릴 준비를 합니다. 종로3가역이 지척이에요. 집으로 돌아갈 길이 한참이나 남았습니다.

북정마을

02 있고 없음의 차이

다산팔각정에서 이간수문까지 ─────────────

그래, 아이들과
순성을 해보자!

사랑과 미움은 동의어라고 하지요. 서울에서 보냈던 시간을 되돌아보면 서울은 저에게 사랑과 미움이 공존하는 도시였다는 생각이 듭니다. 비집고 들어설 틈조차 없는 지하철에서 어깨를 밀치며 아무렇지 않게 지나쳐가는 사람들 속에서 애꿎게도 서울은 자주 미움의 도시가 되었습니다. 그러다 미움이 너무 거세지면, 분노를 가르쳐주기에 서울은 좋은 곳이라던 기형도 시인[1960~1989]의 시구가 귓가에 맴돌았어요.

그러나 옛 벗들과 함께 서울 이곳저곳을 답사하는 동안, 저는 그렇게도 지긋지긋해했던 서울을 사실은 좋아하고 있었습니다. 여장 너머로 보이는 풍경은 언제나 근사했고, 그 속엔 긴 시간을 지나온 오래된 도시로서의 흔적들이 남아 있었어요. 온전하게, 때론 폐허의 모습으로….

낯선 도시에서 마주한 오래됨의 정서는 저를 무장 해제 시켰고 다독

여주었습니다. 그렇게 책상머리에 앉아 이런저런 생각들을 떠올리던 어느 날, 어이없게도 그때 걸었던 오래된 길들이 다시 걷고 싶어졌습니다.

무엇보다도 그렇게 걷다 보면 그곳 어디쯤에서 오랫동안 막연히 품어왔던 질문에 대한 답을 찾을 수 있을지도 모른다고 생각했습니다. 정말로 하고 싶은 일이 무엇인지, 그 질문에 대한 답을 말이지요.

2007년 백악구간이 개방된 이후 한양도성 전체를 도는 '순성巡城'이 사람들에게 널리 알려지게 되었습니다. 조선 후기 실학자인 유득공 1748~1807은 저서인 『경도잡지京都雜志』에서 "도성의 둘레는 40리인데, 이를 하루 만에 두루 돌면서 성 안팎의 꽃과 버들 감상하는 것을 좋은 구경거리로 여겼다. 이른 새벽 오르기 시작하면 해 질 무렵에 다 마치게 되는데, 산길이 험하여 포기하고 돌아오는 사람도 많다"며 순성을 소개하고 있습니다.

그래, 이참에 아이들과 순성을 해보자! 이른 새벽 오르면 해 질 무렵 마친다 했으니, 작정하고 걷는다면 금세 끝날 일이었을지도 모르겠습니다. 그러나 아이들을 데리고 그럴 수는 없지요. 여러 번 쪼개어 찾아간 길을 이어보는 것도 괜찮을 것입니다.

얼마나 걸릴지, 아이들과 잘 다닐 수는 있을지, 산길이 험하여 포기하고 돌아오지나 않을지. 아니, 그곳에 찾고 있던 답이 진짜 있기나 할지 확실한 건 아무것도 없었습니다. 그저 눈앞에 어둠이 짙게 깔린 숲이 펼쳐져 있을 뿐이었습니다.

다산동 한양도성 안길

다산동 성곽 따라 사뿐사뿐

지하철 6호선으로 갈아타고 버티고개역에 내리니 높이가 까마득
한 에스컬레이터가 기다리고 있습니다. 아이들은 아직도 그곳을 '공

포의 에스컬레이터'로 기억하고 있어요. 스르륵 움직이는 계단에 올라서며 아이들에게 힘주어 말합니다.

"얘들아, 꽉 잡아."

구릉지 옹벽 위에 빽빽하게 들어선 아파트 단지를 지나 고급 주택과 구옥들이 섞인 오르막길을 낑낑대며 오르자니 아까 내린 지하철역 이름이 '버티고개'였던 것에도 다 이유가 있지 싶습니다. 편의점에서 사온 삼각김밥과 오렌지주스를 내려놓고 다산팔각정에 철퍼덕 앉았습니다. 한여름 남산 자락의 무성한 녹음 사이로 눅진한 바람이 불어옵니다.

이번 순성은 다산팔각정에서 광희문을 지나 이간수문에 이르는 3킬로미터 남짓의 길입니다. 저도 처음 와본 곳이라 어떤 풍경과 마주하게 될지 내심 기대가 됩니다. 성곽 안길로 들어서면 구릉 사이를 빈틈없이 메운 주택가와 아파트 단지의 풍경이 한눈에 들어옵니다. 바깥길로는 오래된 성벽이 완만한 경사를 따라 얼기설기 엮은 조각보처럼 이어지고 있지요. 내리막길인 데다 울창한 나무들로 둘러싸여 아늑하고, 여장 너머로는 시원하게 트인 전망 때문에 걷는 맛이 일품입니다.

신나게 걸어 내려가다 바깥쪽 성곽길이 궁금해지려는 찰나, 때맞춰 암문으로 나가는 계단이 보여 여간 반갑지 않습니다. 암문 밖으로 이어진 샛길은 바람길인지 유난히 시원합니다. 할아버지 두 분이 터줏

다산동 한양도성 암문

대감처럼 앉아 계시고, 드문드문 운동복을 입은 동네 사람들도 지나
갑니다. 아이들이 녹슨 운동기구에서 잠시 노는 사이 저도 그늘에 앉
아 더위를 식힙니다.

다산동 성곽길을 걸어 내려오다 보면 이 길을 그냥 좋아할 수밖에

없을 거예요. 닿을 수 없는 곳에 멀게 나앉은 것도 시끌벅적한 시가지 복판에 자리 잡은 것도 아니어서, 원래부터 동네의 일부인 양 느껴집니다.

거주자 우선 주차장에 세워놓은 오토바이, 동네 마트 앞에서 한창 담소 중인 이웃 사람들, 삐딱하게 선 전봇대와 복잡하게 엉킨 전선 줄…. 그렇게 한양도성과 나란히 이어지는 길가에서 저도 저녁에 쓸 두부나 사러 나온 사람처럼 어슬렁거립니다.

성곽이 잘 보존되어 있다는 것 외에 대단한 볼거리가 있는 것은 아니지만, 일상의 배경이 되어주는 한양도성의 존재가 그리 가벼운 것도 아닙니다. 어디선가 날아든 벌 한 마리에 딸아이가 혼비백산 난리를 치는 중에 성곽은 동호로와 만나는 횡단보도 앞에서 끊기고, 여기서부터 광희문이 보일 때까지 한양도성은 주택의 축대로, 옹벽으로, 군데군데 흔적만 남겨두었지만, 그마저도 눈에 띄지 않는 멸실 구간이지요. 우리는 전봇대에 붙은 한양도성 마크를 따라 광희문에 도착했습니다.

'못된 바람은
수구문으로 분다'

광희문 일대는 한양도성의 동쪽 변두리였습니다. 조선 초기부터 나라에서 운영하던 거대한 말 목장지가 있었지만 병자호란 이후 폐쇄되었고, 대부분 경작지였던 탓에 사람들이 많이 살지 않았습니다. 그러나 양란 이후 도성 안의 인구가 증가하면서 광희문 주변의 모습도 바뀌기 시작했습니다. 군대주둔지와 군사훈련장, 사형장, 묘지 등이 밀접해 있었기 때문에 성문 안쪽은 주로 군병들과 그 가족들의 집거지였고, 성 밖은 빈민이나 무당, 백정, 또는 지방에서 상경한 유민들이 토굴을 파서 모여 살던 빈촌이었지요.

광희문은 태조 5년1396 한양도성의 축성과 함께 여덟 성문이 완성될 때 도성의 동남문으로 지어져서 개천開川(지금의 청계천) 아래쪽에 자리하게 됩니다. 도성의 지세가 서쪽에서 동쪽으로 낮아지는 까닭에 한가운데를 흐르는 개천과 그 지천인 남소문동천의 물길이 각각 오간수문과 이간수문을 통해 도성 밖으로 빠져나갔고, 광희문은 그 두 개의 수구水口와 가까웠기 때문에 태조 때부터 줄곧 '수구문水口門'이라는 애칭으로 더 많이 불렸습니다.

무엇보다 도성 안에 무덤을 두는 것을 엄히 금했던 조선 시대에는 동쪽의 광희문과 서쪽의 소의문을 통해서만 죽은 자의 시신이 도성 밖으로 나갈 수 있었습니다. 그래서 조선 후기에 이르면 시체가 나가는 문이라 해서 '시구문屍口門'이란 이름으로도 불렸는데, 연고 없이 죽은 사람이나 성 밖 사형장에서 처형된 시신들이 광희문 밖 어딘가에 내다 버려지거나 암매장되는 것은 그리 놀랄 만한 일이 아니었습니다.

광희문 가는 길

고종 연간에 이르러 광희문 밖을 나서면 인접한 구릉지마다 크고
작은 묘지들이 가득 들어서게 되고, 을씨년스러운 화장장 너머 공동
묘지가 즐비한 척박한 풍경은 1920년대까지도 계속되었습니다. 당시
사람들이 '못된 바람은 수구문으로 분다'면서 비아냥거리거나, 죽음

에 가까운 노인이나 병든 이들을 가리켜 '수구문 차례'라며 쑥덕인 것도 다 그런 이유 때문이었지요.

1920년대 후반에 이르러 경성의 심각한 주택 부족 문제를 해결하기 위해 장충동, 신당동 일대가 대규모 주택지로 개발되면서부터 광희문 일대는 큰 변화를 맞이하게 됩니다. 그 과정에서 광희문 문루門樓와 성벽의 일부가 훼철되고, 해방 후 한국전쟁 등을 거치며 방치되면서 사람들의 기억 속에서 잊히게 되지요.

1960년대 초반 도로 확장으로 다시 성벽의 일부가 헐리고, 1975년 시행된 '서울성곽 정화사업'으로 원위치에서 남쪽으로 15미터 남짓 옮겨져 지금 자리에 이전·복원되기까지, 옛 흑백사진 속에 남아 있던 광희문은 아치 형태의 홍예虹蜺만 겨우 남긴 채 얼기설기 덧댄 판잣집들과 온갖 쓰레기들이 나뒹구는 시장통의 일부인 모습이었습니다.

넓찍한 보행 공간이 생기고 주변이 말끔하게 정비되었지만, 광희문 앞에 서면 여전히 처연한 기분이 들곤 합니다. 유난히 거뭇거뭇하게 얼룩진 성벽의 돌들, 조각 케이크의 단면처럼 매끈하게 잘린 성곽 자락에 얼마간 그런 생각이 들었겠지요. 하필이면 넓디넓은 도로에 바짝 붙어 덩그러니 놓인 그 모습이 김지하[1941~2022] 시인이 「녹두꽃」에서 그려냈던 '별 푸른 시구문'의 이미지와 한데 섞여 더욱 그렇게 보였는지도 모르겠습니다.

광희문은 축성 이후 오랫동안 도성의 동쪽 변두리에 거주하던 백성들의 삶의 애환이 깃든 출입문으로, 또한 죽은 자들이 도성을 떠나며 마지막 작별 인사를 건네던 문으로 그 역할을 해왔습니다. 급변했던 20세기의 역사 속에서 조롱받으며 성문으로서의 의미를 잃었지만, 우리가 미처 알지 못하는 숱한 이야기들을 간직한 채 이렇게 남아 있는 모습이 먼발치에서조차 애잔함을 불러일으켰던 것이지요.

한양도성이 지나던 자리
유구들의 이야기는 들리지 않고

우리는 한양공업고등학교 앞 교차로를 건너 동대문디자인플라자^{DDP}로 향했습니다. 기묘한 은회색 구조물 사이로 한양도성의 흔적이 이어지고, 그 끝엔 이번 순성의 종착지인 이간수문이 있을 것입니다.

동대문운동장이 역사의 저편으로 사라지고, 문화재 발굴조사가 시행되는 동안 땅속에 묻혔던 유구遺構(과거의 토목구조나 건축양식 등을 알 수 있는 고고학적 잔존물)들이 드러나는 과정은 한 편의 드라마처럼 보였습니다. 서울 도심 한복판에서 그런 대규모 발굴조사는 흔치 않은 일이었으니까요. 게다가 1925년에 동대문운동장의 전신인 '경성운동장'이 건립되면서 멸실되었을 것으로 여겼던 한양도성의 유구들이 이곳이 유난히 저지대였던 탓에 어마어마한 토사에 파묻힌 채 남아 있었습니다.

발굴 결과, 성벽 바깥에 덧붙여 쌓은 치성雉城이라든가, 이간수문의

이간수문

홍예뿐 아니라, 하도감下都監 같은 군사시설, 그 외에도 많은 건물터와 우물터, 여러 시기에 걸쳐 사용된 수천 점의 생활 유물들이 출토되었습니다.

DDP가 조성되면서 한양도성이 지나는 자리는 보행로가 되었고,

그와 이어지는 치성과 이간수문도 복원되었습니다. 몇몇 중요한 건물 터들은 야외의 유구전시장으로 옮겨졌고, 어떤 유물들은 입구가 어디 인지도 헷갈리는 역사관의 장식장에 자리를 잡았습니다. '우리의 소 중한 문화유산을 보호하자'는 팻말과 함께….

아이들이 저만치 앞서간 사이 흙먼지 날리는 길을 걸었습니다. 함 께 걷는 이들 중 어느 누구도 그 길이 한양도성이 있던 자리였다는 걸 신경 쓰지 않는 듯했습니다. 그건 저도 마찬가지였어요. 한 무리의 외 국인 관광객들이 지나가고, 텅 빈 유구전시장의 돌무더기 앞에는 우 리뿐이었습니다. 온전한 형태 없이 남은 것들이란 원래 그런 건지, 관 심 두는 사람이 없어서 그래 보였을 뿐인지, 유구전시장 앞에 설 때마 다 드는 기분을 설명하기 어려웠습니다. 아이들은 빨리 가자고 재촉 하고, 저도 얼마간은 그래야 한다는 의무감으로 귀를 기울여보아도 유구들이 전하려는 이야기를 도무지 알아들을 수가 없었습니다.

우리는 때마침 나타난 관광객들과 앞서거니 뒤서거니 하며 이간수 문 쪽으로 내려갔습니다. 복원된 치성과 한양도성의 성벽 끝으로 콘 크리트 벽면에 맞닿은 이간수문이 보였습니다. 얼마나 바짝 붙어 있 던지, 행여 철거된 동대문운동장의 범위가 조금만 빗겨났더라면 영영 발굴되지 못한 채 땅속에 묻혔을 수도 있겠다는 생각을 하곤 했지요.

이렇게 있음으로 해서 우리가 걷는 이 장소가 경성운동장 건립 이 전의 수백 년 전으로 거슬러 올라갈 수 있다는 사실이 여간 다행한 일 이 아니었습니다.

한양도성이 만들어내는
있고 없음의 차이

공간의 위계가 비교적 분명한 지방의 도시에서 자란 제게 너무 많은 중심지가 존재하는 서울은 좀 이상한 곳이었습니다. 하나의 구區가 이미 하나의 큰 도시였고, 그런 수십 개의 도시가 어떤 알 수 없는 힘에 의해 다닥다닥 붙어 있는 형상처럼 보였습니다.

그런 서울에서 한양도성이 만들어내는 '원형原形'으로서의 공간감은 오히려 당연하고 익숙하게 느껴졌습니다. 한양도성을 시작으로 외연에 외연을 거듭해 온 서울의 모습을 그려보고 나서야 서울이라는 거대한 덩어리가 조금씩 이해될 수 있었으니까요.

그러나 그것은 어디까지나 물리적인 도시 공간의 차원에서 이해한 것이었기에 한양도성이 '있음'으로 해서 안과 밖이 구별되고, 성을 '쌓음'으로 해서 나라의 위엄을 높이려 했던 축성의 의미까지 정확히 알지 못했습니다. 저에게 한양도성은 옛 서울인 '한양'과 지금의 '서울'을 구분하는 경계선이자, 아름다운 조형물이었습니다.

그렇게 몇 번의 답사를 하던 즈음 때마침 출간된 유홍준의 답사기를 읽다가 "도성을 쌓아 도읍으로서 격식을 갖추라"는 문장에 닿는 순간, 미처 생각하지 못했던 한양도성의 의미가 단박에 그려지는 것이었습니다.

태조 이성계가 무학대사에게 이 자리가 도읍지로 어떠냐고 물었을 때 그가 전제로 내세운 첫마디는 "도성을 쌓으면"이었다. 고려시대까지 평범한 고을이던 한양과 조선왕조가 수도로 건설한 한양의 차이는 도성이 있고 없고의 차이였다. 그리고 생각해보라, 한양도성이 있는 서울과 없는 서울의 역사적 품격의 차이를.

— 유홍준, 『나의 문화유산답사기 10: 서울편 2』, 49쪽

이후 한양도성을 순성하는 동안 늘 '있고 없음'의 차이를 떠올렸습니다. 그 차이를 학문적 언어로 설명해 내지는 못하지만, 그것이 만들어내는 느낌은 어렴풋이 알 것 같았습니다. 길을 걸으며 있고 없음의 차이를 만들어내는 오래된 풍경들을 수없이 마주했기 때문이었지요. 다산팔각정에서 이간수문까지의 한양도성 역시 있고 없음의 차이를 극명하게 드러내며 우리에게 많은 이야기를 들려주었습니다.

후텁지근한 더위 속에서 이번 순성도 무사히 마쳤습니다. 아이들은 염려했던 것보다 훨씬 잘 걸어주었고, 때때로 즐거워 보이기까지 했습니다. 이제 겨우 시작이라 우리의 순성이 언제, 어디서, 어떻게 끝나게 될지 알 수는 없을 것입니다.

그러나 걸음이 멈췄던 곳에서 다시 시작하고, 때론 마음이 이끌리는 곳을 찾아 슬슬 다니다 보면, 어둠이 짙게 깔린 숲속이라도 그럭저럭 가볼 수 있겠다는 생각이 들었습니다.

우리는 복원된 이간수문 아래를 지나 건너편 유구전시장까지 모두

둘러본 후에야 지하철역으로 향했습니다. 다음 순성 때에는 아이들에게 교통카드를 사주어야겠다고 다짐하며 승강장으로 들어서니 이번 열차는 마천행…. 우리는 편의점에서 사온 음료수를 홀짝거리며 다음 열차를 기다렸습니다. 셋이서 나란히 앉을 자리가 나기를 바라면서요.

03 낙산에 올라 내려다보면

흥인지문에서 혜화문까지 ——————————

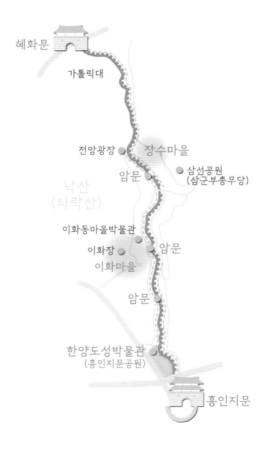

혜화문

가톨릭대

전망광장 장수마을

암문 삼선공원
(삼군부총무당)

낙산
(타락산)

이화동마을박물관

이화장 암문
이화마을

암문

한양도성박물관
(흥인지문공원)

흥인지문

동대문을 추억하다

서울살이의 전반부를 주로 휘경동과 회기동에서 보냈던 제게 '동대문' 주변은 비교적 친숙한 장소였습니다. 산에 다니던 시절, 금요일 밤이면 지방으로 무박 산행을 떠나는 안내산악회의 관광버스들이 당시 동대문운동장역 8번 출구 앞에 길게 줄을 대고 있었지요. 부랴부랴 퇴근해서 미리 싸둔 배낭을 들쳐 메고 8번 출구로 나오면 삼삼오오 모여 일행을 기다리는 등산객들의 종종거림에서도, 집채만 한 배낭을 짊어진 어느 산꾼의 굽은 어깨에서도 묘한 떨림 같은 게 느껴졌습니다.

산에 갈 일을 기대하며 그 날만을 기다렸을 그들도, 저도, 동대문운동장역 8번 출구 앞에서 설레기는 매한가지였습니다. 다음 날 산행을 마치고 늦은 저녁이 되어 버스가 다시 동대문운동장역에 사람들을 내려놓으면 어떤 이들은 뒤풀이하러 동대문 뒷골목으로, 또 어떤 이들은 집으로 가기 위해 지하철역으로 뿔뿔이 흩어졌습니다.

가끔 옷이나 가방 따위를 구경하러 동대문 패션타운에 가거나, 산악회 사람들을 만나러 동대문역을 빠져나와 종로5가의 어수선한 골

흥인지문

목을 들락거렸습니다. 정신없이 복잡한 청계고가의 구조물과 동대문
운동장 사이로 어마어마한 짐을 실은 삼륜차와 오토바이들이 눈코 뜰
새 없이 바쁜 모습으로 지나가는 모습은 이후로도 계속되었지요.

한양 동쪽의 지세가 약해 일부러 원형의 방어 시설인 옹성甕城을 둘렀다는 홍인지문은 어쩌면 그리도 거무튀튀하던지, 처음 보았을 땐 시원하게 물청소라도 해주고 싶은 심정이었습니다. 게다가 녹지광장이 조성되어 접근성과 보행 환경이 개선되기 전까지의 홍인지문은 사방이 도로로 둘러싸인 섬이었습니다. 그러니 저도 서울의 옛날 문들은 그냥 다 저런가 보다 했을 뿐, 원래는 성문의 좌우로 한양도성의 성벽이 길게 이어지고 있었다는 것을 미처 알지 못했습니다.

아직 청계고가와 동대문운동장이 근현대의 유물처럼 남아 있었고, '동대문'이 아닌 '홍인지문'이라는 이름으로 부르는 게 입에 붙지 않던 때였습니다. 동대문 주변은 밤낮으로 분주해 보였습니다. 서울에서 가장 정신 사나운 동네일 거라고 생각했어요. 그래서 한양도성의 모습은 보이지 않았고, 저도 산 다니랴, 회사 다니랴, 눈앞에 보이는 대로 보는 것만으로도 바쁜 나날들이었습니다.

순성길 중
어디가 가장 좋았냐고 묻는다면

길 건너 언덕에 자리 잡고 있던 동대문교회가 철거되자 가려져 있던 한양도성이 모습을 드러냈습니다. 아이들과 순성을 시작하고 얼마 안 되어 이곳을 찾았을 땐 이미 헐린 이대병원 부지 내 건축물 일부와 함께 불과 수년 전까지 커다란 건물들이 있었던 자리라고 믿어지지 않을 만큼 변화된 모습이었지요.

지대가 낮긴 낮은 모양인지, 성곽을 따라 언덕을 조금 올라왔을 뿐인데 흥인지문 주변의 파노라마가 한눈에 내려다보입니다. 그새 성곽은 오래된 주택가와 맞닿은 솔숲으로 자취를 감추었습니다. 성곽을 따라 걷기 전에 잠시 짬을 내어 언덕 옆에 자리한 '한양도성박물관'을 둘러볼 참입니다. 우린 순성 중이니까요.

관람을 마치고 나오니 길은 아까 그 솔숲으로 다시 이어지고, 성곽 옆의 키 큰 나무도, 여장 너머 구릉진 언덕마다 들어선 창신동의 구옥들도 여전히 그대로인 채 우리를 맞이합니다.

계속 올라가면 낙타의 등을 닮았대서 옛사람들이 '타락산駝駱山'이라 즐겨 불렀던 '낙산駱山'입니다. 거기서 혜화문까지 이어지는 성곽길은 집으로 돌아온 후에도 오래오래 기억에 남았던 길이었습니다.

순성을 평계로 돌아다니며 근사한 풍경이라면 섭섭지 않게 보았습니다만, 단순히 풍경의 좋고 나쁨 때문이 아니었습니다. 누군가 순성길 중 어디가 가장 좋았냐고 묻는다면, 다른 길들에 미안한 기색도 없이 냉큼 "흥인지문에서 혜화문까지요!"라고 대답할 작정이었으니까요.

솔숲에 가려 흥인지문은 보이지 않고, 동대문에서 보냈던 추억도 한참 전에 지나갔습니다. 이제는 앞에 놓인 길을 아이들과 걸어갈 차례입니다. 가는 김에 언덕 너머 자리 잡은 두 성곽마을도 둘러보고, 호젓한 성곽길을 따라 걷다 보면 길 끝의 혜화문도 멀지 않을 것입니다.

벽화는 지워졌어도
이화마을은 여전히 우리를 부르고

낙산은 성곽 안길이든 바깥길이든 걷다 보면 금세 정상에 이를 낮은 산입니다. 바깥길을 택했다면 복원된 성벽 아래로 축성과 관련된 글자가 새겨진 '각자성석刻字城石'을 보는 것으로 순성이 시작될 것입니다. 성곽은 옹벽 위로 이어지고, 높은 옹벽을 따라 언덕길을 오르면 지붕이 납작한 집들이 하늘과 맞닿으며 시야가 훤히 트입니다. 그제야 성곽길을 온전하게 걷는다는 기분과 함께 암문 하나가 보이고, 고개를 숙이며 낮은 암문을 통과하면 성 밖과는 사뭇 다른 느낌의 동네 하나가 우리를 반겨줍니다.

작은 공방과 기념품 상점, 전망 좋은 카페들, 그리고 비슷비슷해 보이는 이층 주택 너머 내사산(백악산, 낙산, 남산, 인왕산)으로 둘러싸인 도심 풍경이 손에 잡힐 듯 가까이 펼쳐지는 동네입니다. 빛바랜 벽화 사이를 오가는 방문객들은 저마다 사진 찍기에 여념 없고, 까마득한 계단 위로 층층이 자리 잡은 낡은 집들이 성곽과 함께 높고도 낮은 마을을 이루었지요. 이곳이 한양도성이 품은 여러 성곽마을 중에서도 일찍이 유명세를 치렀던 '이화마을'입니다.

원래 이화마을이 자리 잡은 낙산 일대는 봄이면 하얀 배꽃이 흐드러지게 피던 경치 좋은 곳이었습니다. 배밭 한가운데에는 마을 이름의 유래가 되는 '이화정梨花亭'이라는 정자가 있었고, 초대 대통령 이

이화마을

승만[1875~1965]의 사저였던 '이화장梨花莊' 일대는 조선 중기 학자인 신광
한[1484~1555]의 옛 집터여서 '신대申臺'로도 불리던 명승지였습니다. 이
화장 뒤쪽 바위에는 이를 기리고자 문인이자 화가였던 표암 강세황
[1713~1791]의 글씨로 새긴 '홍천취벽紅泉翠壁' 각자刻字가 있었다고도 전

해지지요.

한양도성에 인접한 여느 구릉지처럼 낙산도 일제강점기와 한국전쟁을 거치는 동안 토막과 판잣집들이 빼곡한 달동네로 변모하게 됩니다. 해방 이후가 돼서야 대한주택영단에서 건립하여 '영단주택'이라 불리던 이층 규모의 연립주택들이 이화장 주변에 조성되었고, 이로써 불량주택들도 얼마간 개선될 수 있었습니다. 그러나 구릉지 지형과 문화재 주변이라는 조건에 부딪혀 주변 주택들의 노후화는 계속되었고, 주거 환경도 점점 더 열악해져 갔습니다.

'낙산 프로젝트'라는 공공미술사업의 일환으로 이화마을에 벽화가 그려지기 시작한 것은 2006년의 일이었습니다. 무채색 계단과 담벼락, 회색 벽면을 도화지 삼아 다채롭게 그려진 벽화들은 무표정했던 마을에 놀랄 만한 생기를 불어넣었습니다. 그 후로도 벽화와 조형물 작업이 꾸준히 진행되면서 이화마을은 각종 드라마나 예능 프로의 단골 배경이 되었고, 여러 방송 매체에 소개되며 입소문을 타기 시작했습니다.

성곽을 낀 독특한 구릉지 위로 화면을 가득 메운 이색적인 동네 풍경은 수많은 방문객을 불러 모았습니다. 거기엔 재개발을 둘러싼 주민들의 고민과 증가한 방문객들로 인한 여러 문제도 함께였지요. 급기야 일부 주민들에 의해 유명했던 벽화들이 하나둘 지워지면서 얼룩덜룩한 색의 흔적만 남은 계단 앞에는 방문객들을 향해 조용히 해달라는 경고 푯말이 낯설게 세워졌습니다.

사실 이와 같은 문제는 이화마을만의 것은 아니어서, 방문객인 저도 여러 생각을 하게 됩니다. 낮은 산, 옛 성곽 아래 자리 잡은 마을은 여전히 낡아가고 있었지만, 곳곳에 새로운 변화도 눈에 띄고 아직 남아 있는 영단주택의 지붕 너머 보이는 도심 풍경은 더할 나위 없이 근사했습니다. 벽화는 지워졌어도, 마을의 지나간 기억들은 아련한 향수를 불러일으키는 골목길 풍경이 되어 여전히 우리의 발걸음을 쭈뼛쭈뼛 이화마을로 향하게 합니다. 그러니 우리 방문객들도 무엇보다 목소리와 발소리를 낮추며 걸어야겠지요.

낮은 산, 낙산에서
내려다보면

이화마을을 나와 성곽길로 이어지는 길목에는 작은 정자가 하나 있습니다. 그 앞 난간에서 보면 내사산으로 둘러싸인 도심 풍경이 손 뻗으면 닿을 듯 펼쳐집니다. 우리의 시선은 왼쪽에 듬직하게 자리 잡은 남산으로부터 정면으로 마주한 인왕산을 지나 오른쪽 백악의 능선을 따라 이곳 낙산에 와서야 멈춥니다.

산에 다니던 시절, 동대문을 그렇게 들락거리면서도 낙산은 잘 몰랐습니다. 어쩌면 온갖 건물들이 턱밑까지 차올라 산인지 아닌지 구별조차 안 되던 낙산의 진면목을 몰랐다는 게 더 맞는 말이겠지요. 낙산의 전면을 가리고 있던 동숭시민아파트와 낙산시민아파트의 철거가 결정되고, 이후 오랜 시간에 걸친 정비·복원 공사를 통해 비로소 내사산으로서의 골격을 되찾은 것도 그리 멀리 있던 일이 아니었습니다.

내사산 중 가장 낮은 산이라서 그런가, 한 발짝 물러선 보현봉 아래 한양도성으로 둘러싸인 옛 서울의 규모가 실감 나게 전해졌습니다. 사극 드라마에서나 보던 온갖 암투와 사건들이 저렇게 복닥복닥한 곳에서 일어났다고 생각하니 더욱 그랬지요.

그러나 눈앞에 보이는 것은 건물들로 가려진 시가지일 뿐입니다. 눈을 부릅뜨고 본다면야 창덕궁의 푸른 기와 하나쯤이야 안 보일까 싶지만, 이곳이 옛 서울 '한양'이었음을 떠올릴 만한 풍경 하나 찾는 게 그리 녹록한 일은 아닙니다.

그럼에도 불구하고 오래된 도시로서 무언가가 느껴졌다면, 아마도 눈앞에 보이는 울창한 숲속에 창덕궁의 아름다운 후원과 종묘의 정전이 자리하고 있고, 저기 수많은 빌딩 사이로 여전히 옛길과 옛 물길의 흔적이 남아 있다는 것을 알고, 배웠고, 경험했기 때문일 것입니다.

낙산에서 내려다보면 눈앞에 마주 보이는 풍경이 너무 가까이 생생하게 전해지는 까닭에 누구라도 그것을 자신의 경험에 비추어 이야기할 수밖에 없을 것입니다. 난간에 매달려 감탄사를 내지르던 사람들도, 말없이 바라보던 사람들도 오로지 각자의 경험 속에서 떠올린 풍경 한 점을 어딘가에 걸어두었을 테지요.

그런 모습을 상상하며 두리번거리며 돌아 나온 길은 유난히 낮게 쌓은 여장을 따라 낙산 정상으로 이어지고 있었습니다.

장수마을이 남겨둔
성곽마을의 옛 풍경

　지금부터 이 산보다 높은 건 저기 멀리밖에 없어 보입니다. 탁 트인 하늘 아래로 한양도성 안팎의 파노라마가 초여름 바람과 함께 장쾌하게 펼쳐지고 있으니까요. 남산에서 이곳으로 이어진 성곽길은 다시 백악의 산자락을 향해 굽이쳐 돌아가고, 우리는 쉽게 떼어지지 않는 발걸음을 옮기며 놀이광장 옆 암문으로 나갔습니다.

　여기서부터 한양도성 성곽은 크게 굽이치다가 유려하게 이어집니다. 다른 시대에 쌓아 올린 크고 작은 성돌들이 독특한 문양을 만들어내고, 여장 가운데 뚫어놓은 구멍인 총안銃眼들이 성벽에 생기를 불어넣어 지루할 틈이 없습니다. 평소라면 성곽 바깥길의 아름다움에 감탄하며 걸음을 서둘겠지만, 암문에서 이어지는 작은 샛길에 끌려 자신도 모르는 사이 그쪽으로 가고 있는 사람들도 있을 거예요. 저도 그중 하나였습니다.

　샛길을 따라간 곳에는 오랫동안 '삼선4구역 재개발 예정구역'이라는 길고 긴 이름으로 불렸다가 이제는 '장수마을'로 바뀐 성곽마을 하나가 옴폭하게 경사진 비탈면을 따라 자리 잡고 있습니다.

장수마을

장수마을 역시 해방 이후 판잣집과 움막들이 성곽의 바로 밑까지
우후죽순처럼 들어섰던 달동네였습니다. 겨우 비바람이나 막을 수 있
게 얼기설기 덧대 지은 낡은 주택들은 시간이 흐르며 일부는 없어지
거나, 일부는 양기와나 슬레이트를 얹은 시멘트 주택으로 변모해 갔

지만, 열악한 주거 환경은 1980년대까지 그대로, 아니 그 이후로도 계속되었지요.

> 나는 오랫동안 달동네에 살았다. (…) 나는 거기 살던 내내 언젠가 탈출기(脫出記)를 완성하겠다는 생각으로 살았다. 거기서 벗어난 지 십오 년이 되었는데 이제는 그곳이 나를 벗어나려 한다. 그곳, 서울시 성북구 삼선동 일대가 재개발에 들어갔기 때문이다. 내가 알던 이들은 이미 뿔뿔이 흩어졌다. 그들은 지금, 어디서, 무엇을 하며 살고 있을까? 그곳의 소로(小路)들과 사람들과 삶을 복원하고 싶었지만, 그것이 탈출기의 내용은 아니었을 것이다. 나는 주름 ─ 사람들의 동선(銅線)이 그어 놓은 ─ 을 잔뜩 품은 어떤 장소에 관해서, 끊임없이 현재로 소환되는 사람들에 관해서, 겹으로 된 삶에 관해서 말하고 싶었다. 내가 기억에 관해 이야기했다고 생각하지는 않는다.
>
> ─ 권혁웅, 「마징가 계보학」, 「시인의 말」 중에서, 142쪽

시인의 시들은 그야말로 1980년대 삼선동 일대의 달동네 풍경을 웃어야 할지, 슬퍼해야 할지 몰라 '웃퍼야' 했던 모습으로 그려놓았습니다. 시인이 살았던 삼선동의 다른 동네들은 이미 오래전 재개발을 끝내고 뿔뿔이 흩어져 구릉지고 고달팠던 언덕배기의 풍경을 완전하게 바꾸어놓았습니다. 그러나 시인이 복원하고 싶었다던 '소로小路들'과

'사람들'과 '삶'은 여기 장수마을에서는 아직도 흩어지지 않은 채 계속되고 있는 것만 같았지요.

2013년 오랜 논의 끝에 재개발 예정구역이 해제되고 오랫동안 함께 살아온 이웃 어르신들을 위해 '장수마을'로 거듭난 동네는 한양도성과 어우러지는 성곽마을의 풍경을 고스란히 남겨두었습니다. 미로처럼 얽힌 계단을 오르내리다 보면 계단참마다 가꾸어놓은 꽃 화분에 미소가 절로 지어졌지요. 골목 끝으로 무심히 보이는 옛 성벽마저 성곽마을이 아니고서는 볼 수 없는 그림 액자가 되어 걸려 있었습니다.

그것은 아늑하기도 하고, 정겹기도 해서 저는 지나가는 사람 아무나 붙잡고 참 근사하지 않냐며 함께 감탄하고 싶은 심정이지만, 어쩐 일인지 오가는 사람은 보이지 않고, 아이들도 저만치 가버리고 없었습니다.

한차례 소나기는
지나가고

장수마을에서 내려와 혜화문까지는 저도 처음이었습니다. 날이 찌뿌듯하게 흐려지더니 한두 방울 비를 뿌리기 시작했어요. 마침 가지고 있던 양산을 아이들 손에 건네주고 길을 재촉하는데, 아이들은 쓰는 둥 마는 둥 장난을 칩니다. 성곽이 놓인 자리를 따라 구불구불 길은 이어지고, 빗물을 들이켠 나무들은 높은 성벽을 한달음에 뛰쳐나올 것처럼 기세가 등등합니다.

장대비라도 되면 어쩌나 싶어 마음은 급한데, 투둑투둑 떨어지는 빗줄기 사이로 들려오는 것은 타박타박 걸어가는 우리의 발소리뿐입니다. 흥인지문에서 낙산까지 손에 닿을 듯 전해지던 도심 풍경도, 성곽마을의 다정했던 것들도 다 지나가고, 앞에 놓인 건 흐드러진 꽃밭 같은 고요함이었습니다.

어디론가 이어지는 오래된 성곽, 거대한 나무들, 관목 덤불 아래 놓인 색색의 집들과 저 멀리 언제나 그대로인 산…. 그리고 모든 것들의 한가운데 혜화문이 보였습니다.

제 자리도 아닌 높은 옹벽 위에 옹색하게 놓인 혜화문을 볼 때면, 얽히고설킨 수많은 관계 속에서 적당한 높이와 거리를 찾지 못해 어물쩍거렸던 지난날들이 떠올랐습니다. 그러나 그날, 저도 모르게 걸음을 멈춘 채 바라본 혜화문은 온갖 것들이 섞인 데서 그중 하나로 사는 일이란 원래가 그런 거라며 아무렇지 않은 듯 덤덤히 자리하고 있었습니다. 순간, 자리에 서서 가방 깊숙이 넣어뒀던 카메라를 꺼내 들었습니다. 그제야 혜화문을 두고 자리 잡은 모든 것들이 비할 데 없이 조화롭게 느껴졌습니다.

한차례 소나기는 지나가고, 비도 잦아들기 시작했습니다. 올 풀린 야자 매트가 깔린 성곽길이 크게 커브를 돌며 끝자락에 다다르자 성곽은 짙푸른 녹음 속으로 사라졌습니다.

아이들과 함께 흥인지문에서 혜화문까지, 낙산을 오르내리며 긴 길을 걸었습니다. 길 건너 혜화문을 가리키며 다 왔다고 하니 아이들이 박수까지 치며 좋아합니다. 비에 젖은 아이들의 추레한 행색을 보며 저 혼자만 성곽길의 정취에 빠져 있던 건 아니었는지 미안한 마음이 스쳐갑니다.

한양도성 관광안내지도에 '낙산구간'이라 명명된 2.3킬로미터 남짓한 코스는 여기서 끝이 납니다. 그날 아무도 없는 한양도성의 성곽길을 오로지 빗속에서 아이들과 나란히 걸었습니다. 흥인지문에서 낙산까지, 그리고 낙산에서 다시 혜화문까지…. 그것은 텅 빈 폐허에서 멀찌감치 거리를 두고 찾아 헤매던 그 어떤 의미들보다 더 값진 추억이 되어 제게 남았습니다.

지하철역 방향을 착각해서 반대쪽으로 한참을 내려갔다 되돌아오는 바람에 아이들에게 점수가 또 깎이고 말았지만, 그날 우리가 걸었던 길을 언제 다시 간다 해도 이보다 좋을 수 없을 것입니다. 그땐 아이들도 다 왔다는 말의 진짜 의미를 깨닫게 될 테지요. 양산에 묻은 빗물을 탁탁 털어내며 우리는 한성대입구역 계단으로 내려갔어요.

이곳에서 다음 순성이 시작될 것입니다.

낙산 정상에서

04 혜화문 너머 다시 풍경 속으로

혜화문에서 최순우 옛집까지 ————————————————

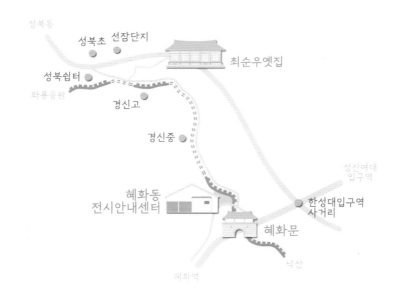

성북동
성북초 선잠단지
최순우옛집
성북쉼터
와룡공원
경신고
경신중
성신여대
입구역
혜화동
전시안내센터
한성대입구역
사거리
혜화문
낙산
혜화역

옛 도시의 외곽을 걷는
가장 완벽한 방법

불과 2주가 지났을 뿐인데 계절은 벌써 여름의 한가운데입니다. 그 사이 녹음은 짙어지고 참을 만한 더위도 땀이 찐득찐득하게 들러붙는 무더위가 되어 집 밖을 나서는 게 두려울 지경이 되었지요.

대신 이번 순성은 혜화문에서 최순우 옛집까지 1킬로미터가 채 안 되는 짧은 구간입니다. 꾸벅꾸벅 졸다 깨서 동대문역사문화공원역에서 4호선 환승 구간으로 이동하는 아이들 뒤를 따라 한성대입구역에 도착했어요.

한성대입구역 사거리는 예전에 '간송미술관'이나 '수연산방(상허 이태준 가옥)'을 가기 위해 마을버스를 기다리던 시절과 크게 달라지지 않았습니다. 그때나 지금이나 똑같은 자세로 마을버스를 기다리는 사람들, 익숙한 마을 안내판, 문턱이 닳도록 사람들이 드나드는 과자점, 집 가까이 이런 사거리 하나 있으면 좋겠다 싶었던 마음까지도 그대로입니다.

사거리를 뒤로하고 걸어 올라가면 도로를 내느라 절토된 언덕 위로 한양도성의 성곽이 아슬아슬하게 걸쳐 있고, 맞은편 옹벽 위로는 혜화문이 보입니다.

「도보 여행의 즐거움」에서 미국의 언론인이자 뉴욕시립대학교 총장이었던 존 핀리[1863~1940]는 "가장 즐거운 도보 여행은 도시 외곽을 따라 걷는 것"이라 했지요. 확신하건데, 한양도성을 순성하는 일이야말로 옛 도시의 외곽을 따라 걷는 가장 완벽한 방법일 것입니다. 거기서 과거와 현재를 넘나드는 깊이 있는 통찰까지는 아니더라도, 한 도시가 거쳐온 시간의 궤적 속에서 다채로운 풍경을 조망하며 우리는 어느 곳에서보다 즐거운 도보 여행을 하게 될 것입니다.

그러나 우리가 걷는 길이 그토록 즐거웠던 건 그런 수만 가지 풍경 때문만은 아니겠지요. 저는 미니멀리스트도 아니면서 서울의 너무 많은 것들이 늘 이상했습니다. 무엇이 우리로 하여금 이렇게까지 모여 살게 만들었을까. 그럴 때면 오래된 성돌 하나가 말을 건네오는 거예요. 그건 너무 멀찌감치 물러서 있었기 때문이라고. 때론 가까이 다가가야만 알게 되는 것이 있다고….

거기서 무엇을 보고, 무엇을 만나게 될지 직접 가보지 않고서는 알 수 없습니다. 길은 우리가 미처 몰랐던 것들을 짜~잔 하며 보여줄 수도 있고, 또 위로는 그만하면 충분히 해주었으니, 이제부터는 각성의 길로 나아가라며 쭈뼛거리는 우리의 손을 잡아끌지도 모릅니다. 그러니 자세히 보기 위해 우리는, 우리가 보았던 풍경 속으로 다시 들어가

혜화문

야만 합니다.

한양의 북동문,
혜화문 문루에 서서

혜화문 문루에 서니 부슬부슬 내리는 비를 맞으며 걷던 성곽길이 다르게 보입니다. 이렇게 이어진 길을 걷다 보면 저도 모르게 불쑥 뒤돌아볼 때가 있습니다. 쉬어 가려던 것도 아닌데 멈추고 돌아보고 싶은 기분이 들면, 거기가 바로 멈추고 돌아서서 봐야 하는 자리였습니다. 그러면 얼마나 왔고, 저길 어떻게 해서 왔는지 따져 물을 틈도 없이 걸어온 길들이 아스라하게 펼쳐졌지요.

그러니 이번 순성은 낙산의 성곽길이 알려준 셈입니다. 끝난 자리에서 시작하는 게 당연한 것 같지만, 이 짧은 길은 성곽이 대부분 멸실된 데다 평범한 주택가여서 성북동을 들락거리던 시절에도 와볼 생각을 못 했습니다.

순성 중이니 언젠가는 가야 할 길이었지만, 지난 순성 때 본 혜화문 너머의 집들, 교회의 첨탑, 그 뒤로 이어지는 언덕과 산의 풍경이 떠올라 얼른 가고 싶어 2주 동안 안달이 나 있었습니다.

가까이서 보니 성곽이 끊긴 위치도 그렇고, 혜화문이 놓인 자리도 머리를 뒤로 젖히고 올려다봐야 할 만큼 높은 고갯마루입니다. 높은 성벽이 좌우로 이어지는 옛 혜화문의 모습은 멀리서도 무척이나 눈에 띄고 웅장해 보였을 것입니다.

그런 혜화문에도 별명이 있었습니다. 한양도성의 북문(숙정문)과 동문(흥인지문) 사이에 위치해서 친근하게 '동소문'으로 불렸던 것이지요. 평상시 닫혀 있던 숙정문을 대신해서 혜화문은 미아리고개를 넘어 강원도나 함경도 등 도성의 동북 방향을 오가기 위한 북동문으로서 중요한 역할을 했습니다.

영조 20년[1744] 문루를 새로 세우기까지 혜화문은 겸재 정선[1676~1759]의 〈동소문도〉에 그려진 것처럼 성문만 남은 단순한 형태였습니다. 그것은 창의문이나 광희문, 소의문 같은 다른 소문小門들도 마찬가지여서 처음부터 문루를 세우지 않은 것인지, 훗날 소실되어 남지 않게 된 것인지 기록이 달리 전해집니다. 여하튼 문루를 갖추게 된 혜화문은 순조 16년[1816] 다시 한번 보수되지만, 다른 성문들과 마찬가지로 일제강점기 이후 방치되면서 훼철의 수순을 밟게 됩니다.

1928년, 부서진 문루는 보수할 자금이 없다는 이유로 먼저 철거되고, 그 후 도로 개설과 돈암동행 전차 부설을 위해 성벽이 잘려나가면서 1938년에는 남아 있던 홍예마저 완전히 사라지게 됩니다. 전차 선로가 놓이고, 도로 확장을 위해 깎여나간 고갯마루는 혜화문 주변의 풍경을 크게 바꿔놓았지요. 그것이 1994년 혜화문이 다시 세워질 때, 원래 위치에 복원되지 못하고 북쪽으로 다소 옮겨져 높다란 축대 위에 자리하게 된 이유였습니다.

옛 서울시장 공관과
플라타너스

혜화문에서 보행로를 따라 내려가면 길을 내느라 단절된 한양도성의 성벽과 마주하게 될 것입니다. 거기서부터 순성은 다시 시작되지만, 그전에 꼭 들를 곳이 있어 우리는 담쟁이덩굴이 늘어진 옹벽을 따라 조금 걸어갔습니다.

30여 년이 넘는 세월 동안 서울시장 공관으로 사용되다가 2016년 리모델링을 통해 개관된 '한양도성 혜화동 전시안내센터'입니다. 1941년 일본인 소유로 지어져 해방 이후 남겨진 적산가옥敵産家屋으로서, 일본식 가옥 특유의 집의 기억을 간직한 전시관으로 탈바꿈한 것이었지요. 신발을 벗고 들어선 아이들은 해설사 선생님의 설명을 들으며 일층 전시관 관람을 마치고 이층으로 올라가 차가운 나무 기운이 전해지는 창가 쪽 마루에 자리를 잡았습니다.

시원하게 더위를 식히고 나니 슬슬 밖으로 나가고 싶어집니다. 여름 화초들로 가득한 화단을 따라가면 안마당에는 푸른 잔디가 푹신한 이불처럼 깔려 있습니다. 그 한쪽에 여섯 시 오 분 방향으로 삐딱하게 서 있는 플라타너스 한 그루를 보고 다 같이 웃음을 터트렸지요. 커다란 덩치에 어울리지 않게 모양이 어찌나 동글동글하던지, 핫도그 같기도 하고, 솜사탕 같기도 하고, 아이들이 유치원 때 그린 나무 그림이 꼭 저랬던 것 같기도 합니다. 아, 그러고 보니 지난 순성 때 혜화문 너

혜화동 전시안내센터를 돌아 나오며

머로 유난히 도드라지게 보였던 키 큰 나무와 새하얀 박공집이 바로
이곳이었네요!

　흐드러지게 핀 능소화, 물기를 가득 머금은 잔디, 그리고 복원된 여
장과 그 너머 그림 같은 성북동의 풍경들…. 전시관 카페에서 파는 아

이스커피와 오렌지주스를 홀짝이던 우리는 지하철역에서 고작 몇 발짝 걸어왔을 뿐이지만, 아침나절부터 더운 땀을 뻘뻘 흘리며 걷고 있을 어느 순성꾼에게 이보다 좋은 쉼터는 없을 것 같았습니다.

있었다가
사라지는 것들

전시안내센터를 나와 길모퉁이를 돌아가니 새로 끼워 맞춘 성돌들이 거무스름하게 변한 옛 성돌들 사이에서 밝게 빛나고 있습니다. 게다가 어디선가 날아온 풀씨들이 돌 틈 사이로 뿌리를 내려 성벽 군데군데 이름 모를 풀꽃들을 꽃다발처럼 달아놓았지요.

물끄러미 보고 있으니 성곽이란 무거운 돌을 쌓아서 올리는 게 일인데, 그렇게 하나하나 쌓여 만들어진 물성은 이미 돌덩이라는 한계를 까마득하게 벗어난 듯 보였습니다. 성곽은 골목 끝으로 사라지고 담장 너머 교회 첨탑이 등대처럼 우리를 맞이했지요. 그다음부터는 빌라 아래 조금, 교회 울타리로 조금, 학교 담장과 옹벽 사이에 또 조금, 그렇게 조금조금씩 흔적으로만 남은 한양도성의 멸실 구간이 이어집니다.

교회 담벼락 아래서 잠시 모습을 드러낸 한양도성은 바짝 붙어 지은 주택 뒤로 자취를 감추고, 전봇대마다 붙어 있는 '순성길' 표지판이

경신고 담장 사이 남은 한양도성

한양도성이 지나던 자리로 안내합니다. 일방통행 표시가 선명한 길은 경신중학교 담장을 따라 완만하게 굽어지고, 여기서부터 성북동쉼터 까지는 아무리 천천히 걸어간들 사오 분도 안 걸릴 짧은 길이지만, 어 쩐 일인지 걸음은 자꾸만 느려집니다.

파란 슬레이트 지붕의 교회 건물을 끼고 모퉁이를 돌자, 높은 축대 아래 빼곡하게 들어선 집들과 저 멀리 보현봉 자락이 잘도 보였습니다. 그러니 옛날에는 여기도 산비탈이었을 것입니다. 성벽 아래로 길을 내기 위해 옹벽을 두르고, 넓혀진 자리마다 하나둘 주택들이 지어지면서 낡고 허물어진 한양도성의 존재는 자연스럽게 잊혔을 것입니다.

그러나 사라진 줄 알았던 성곽의 흔적이 경신고등학교 담장과 옹벽 사이에 꼭 3분의 1만큼 남은 모습으로 다시 나타납니다.

서로 다른 목적으로 만들어진 세 개의 담은 한편으로 기묘해 보이기도 했습니다. 저것은 과연 조화일까, 부조화일까. 고개를 갸우뚱하며 걸었던, 경신고등학교 담장을 끼고 굽이지는 이 한 방향 길은 한양도성이 품은 수많은 길들 중에서도 기억에 남는 애틋한 길이었습니다. 담장과 옹벽 사이에 옹색하게 끼어버렸지만, 나지막하게 들려오는 순성꾼들의 발소리와 웃음소리, 좁은 골목을 잽싸게 날아오르며 지저귀는 새소리와 함께 온전치 못한 벽들이 모여 만들어내는 그런 분위기 때문이었지요.

순성하는 사람들 몇몇이 우리와 반대 방향으로 지나갑니다. 그들은 이미 드라마틱한 한양도성의 파노라마를 실컷 보고 내려오는 길이었을 거예요. 어쩌면 이 짧은 순성길은 그들에게도, 우리에게도, 한양도성이 근사하게 남아 있는 다음 구간으로 이동하거나 순성의 형식을 완성하기 위해 얼마간 의무적으로 걸어야 했던 길이었는지 모릅니다.

그러나 우리의 마음을 움직이는 것은 언제나 있었다가 사라지는 것들이었습니다. 자세히 들여다보면 오래된 성돌 사이에 어색하게 끼어 있던 새 돌들도, 그 틈새에 뿌리를 내린 여린 풀꽃도, 3도 화음처럼 들려오던 오래된 성곽의 흔적들도 모두, 있었다가 사라지는 그 과정이 결코 순탄하거나 가벼운 것이 아니었음을 보여주는 것 같아 마음이 조금 쓰였던 것이었습니다.

최순우 옛집
가는 길

우리가 다시 이곳을 찾아왔을 때는 해가 바뀌고 계절은 이미 초가을로 접어들고 있었습니다. 길 건너 성북동쉼터가 보였지만, 우리는 돈가스집 옆 검푸른 이끼가 낀 계단으로 내려갔어요. '입춘대길'과 '건양다경' 글자가 붙은 한옥 대문을 지나 낯선 골목은 ㄱ자로 꺾이며 이어졌습니다. 촘촘하게 지어진 다세대주택들이 골목마다 컴컴한 그림자를 드리우고 있었지만, 그 사이로 한옥들이 낮게 자리를 잡아 가을 햇살은 그리로 다 모인 듯했지요.

성북동 126-20번지. 긴가민가하며 들어선 ㄱ자 골목 끝에서 우리는 낡은 현판이 걸린 한옥 한 채와 마주하였습니다. 해방 후 국립중앙박물관장을 역임한 미술사학자로서, 전통문화와 한국미술의 아름다움을 널리 알린 혜곡 최순우[1916~1984]의 옛집이었습니다. 사실 저는 서울에 와서야 근대 시기에 지어진 '도시형 한옥'이란 것을 처음 보았습니다. 그때까지 한옥이라면 궁궐이나 사찰, 고택 등에서 보았던 전통 한옥이 전부였으니까요.

1930년대 지어진 최순우 옛집은 제게 생활공간으로서의 한옥에 대한 이미지를 매우 강렬하게 심어준 집이었습니다. 끼익 소리와 함께 대문을 밀고 들어갈 때는 마치 차원을 달리하는 세계로 넘어가는 기분이었지요. ㄱ자 본채와 ㄴ자 바깥채가 마주 보는 전형적인 '튼 ㅁ자 구조'의 옛집은 가운데 안마당이 유난히 네모져서 소나무와 향나무, 진분홍으로 흐드러진 모란도 거기서는 울창하게만 느껴졌습니다.

혜곡이 이사 오던 해 직접 썼다는 '두문즉시심산杜門卽是深山' 현판이 달린 사랑방 모서리를 돌면, 그곳 뒤뜰은 어두운 숲속을 헤매다 겨우 찾아낸 은신처 같은 모습으로 저를 맞아주었습니다. 옹벽은 덩굴과 나무들로 가리었고, 안방과 사랑을 따라 이어지는 긴 쪽마루에서는 누가 불러도 못 들은 척 온종일 앉아 있고 싶었지요. 바람은 어찌 알고 여기까지 와서 닿고, 새들도 흰 나비도 제집인 양 헤집고 다녔습니다. 나뭇잎 사이로 삐져나온 햇살이 흙바닥에 똑같은 그림자를 새겨놓을 때, '두문즉시심산', 문을 닫으면 이곳이 왜 깊은 산중과 같은지 고개가 절로 끄덕여졌습니다.

최순우 옛집은 그가 별세하기 전까지 거주한 곳으로, 그의 깊은 안목과 애정이 고스란히 담긴 옛집이 되었습니다. 군더더기 없이 정갈한 방에서는 우리가 너무 많은 것들에 둘러싸여 깊은 후회를 경험하

혜곡 최순우 옛집

고 난 후에야 깨닫는 단순한 삶의 경지가 느껴졌습니다. 그가 그토록
극찬했던 '용자用字 살창' 밖으로는 산나무들의 그림자가 어른거렸습
니다.

어느 해 가을, 동쪽 감나무 뜰 한 집 건너에서 큼직한 공사가 시작되었고 이 건물은 하루하루 높아만 갔다. 이 큰 건물이 드디어 나의 동쪽 하늘을 가리고 나의 동창에서 푸른 달빛과 연보라의 새벽 노을을 완전히 앗아갔다. (…) 서울집 동창의 꿈을 잃은 뒤 나는 곧잘 새벽잠에서 깨어나 서창의 후련한 용자 미닫이창에 그림자 진 신비로운 새벽 달빛을 혼자 보기 아쉬워하기도 했다. 정갈하고 조용하고 밝은 서창가에 앉아서 하오의 한나절을 부스럭거리노라면 낙엽소리, 풍경소리에 해쓱한 뒤뜰 산나무들이 석양 햇빛에 그림자 져 주기도 하고, 된서리 내린 날 언뜻 미닫이를 열면 이름 모를 산나무에는 주홍빛 잔 열매들이 단풍 사이로 알알이 빛나서 꽃보다도 고운데에 새삼 놀라기도 했다.

— 최순우, 『나는 내 것이 아름답다』, 66~67쪽

이웃의 큰 공사로 높은 건물에 가리어 동창의 푸른 달빛과 새벽 노을을 잃고 나서 그가 아쉬움을 달래던 서창 밖 뒤뜰은 오늘도 여전합니다. 다세대주택 건축 붐으로 사라져간 이웃 한옥들 사이에서 '내셔널트러스트 문화유산기금 시민문화유산 1호'로 보존되어 시민의 품으로 돌아온 옛집은 그곳을 찾는 우리에게 언제나 깊은 영감과 위안을 건네주고 있지요.

너무도 좋아하는 책 『나는 내 것이 아름답다』의 첫 글, 첫 장에서 최순우는 "온 세상에 가득 차 있는 자연과 조형의 아름다움을 자기의 안목이 어느 만치 가늠할 수 있고 또 그것을 어느 만치 간절하게 느낄 수 있느냐에 따라 인생의 즐거움이 크게 달라진다"고 하였습니다.

간절하게 느끼기 위해 우리는 자세히 들여다보아야 합니다. 그러면 이름 모를 산나무에 달린 주홍빛 잔열매가 꽃보다 곱다는 사실을 우리도 알게 될 테지요. 그렇게 보다 보면 애쓰고, 마음을 다하고, 수고를 마다하지 않는 태도들은 어디에나 있기 마련이어서. 모든 것들이, 돌확 하나조차 있어야 할 자리에 있는 것만 같았습니다.

05 눈앞에 옛 지도가 펼쳐진다

다산팔각정에서 숭례문까지 ─────────────────────

서울에서 가장 먼저
봄볕이 드는 곳

아이들과 순성에 나선 지도 벌써 일 년이 다 되어갑니다. 애초에 한양도성 관광안내지도에 표기된 구간을 차례차례 다닐 생각은 없었기에, 우리는 성곽을 따라 걷다가 거기서 이어지는 모르는 길과 동네들을 내키는 대로 돌아다녔어요. 갔던 길을 되짚어 오기도 하고, 예상치 못했던 것을 우연히 만나기도 하면서 경험이 쌓이고 나름의 요령도 생겼습니다.

아이들도 어지간한 곳들을 거쳐와서인지 "엄마! 여기 저번에 왔던 데 아니야?" 하면서 아는 척을 했지요. 그렇게 아는 장소와 와봤던 곳들이 많아진다는 것, 완벽하게 낯선 것에서 조금씩 익숙해지는 것은 우리가 여행을 통해 경험하는 여러 즐거움 중 하나일 것입니다. 낯설기 위해 우리는 떠나지만, 묵었던 숙소를 나와 어제 본 풍경을 다시 봤을 때의 익숙함은 잔뜩 움츠렸던 어깨를 펴게 하고, 낯설었던 여행지에서 온종일 긴장했던 우리를 안도하게 합니다.

한양도성 남산 구간

　　그러나 익숙함이 무뎌짐으로 바뀌기 전에 다시 짐을 꾸려야 합니
다. 아침나절에 나섰다가 저녁나절 돌아오는 우리의 순성도 여행이라
면 여행이라서 우리는 꼭 당일치기만큼의 설렘과 익숙함을 지니고 집
을 나섭니다. 그렇게 일 년여의 시간이 흘렀습니다.

아이들을 데리고 첫 답사로 갔던 곳이 남산이었어요. 먼 나라에서 여행 온 외국인 관광객들처럼 아이들과 여행 가는 기분을 내보고 싶었습니다. 무엇보다 완만한 산등성이 위로 솟은 N서울타워의 인상은 압도적이었고, 그게 깃발처럼 보여 그런가, 한양도성의 모든 성곽들이 강물처럼 흘러 흘러 남산으로 모여드는 것만 같았습니다.

남산 정상으로 가기 전에 우린 남산골 한옥마을도 들렀습니다. 이게 도대체 얼마 만인지…. 서울천년타임캡슐광장까지 둘러보느라 한참 만에 나와 02번 남산순환버스에 올랐습니다. 버스는 사람들을 한가득 태우고 국립극장을 지나 남산 꼭대기를 향해 내달렸지요. 더없이 맑았던 6월의 하늘 아래, 우리는 관광객들로 북적이는 남산 정상에서 끝없이 펼쳐질 것만 같은 서울이라는 도시를 원 없이 보고 집으로 돌아왔습니다.

그러니 그때는 미처 알지 못했습니다. 첫 답사이기도 했고, 남산골이며, N서울타워며, 관광지의 북적북적한 분위기에 휩쓸려 남산의 옛 이름이 목멱산木覓山이고, 내사산 중 안산案山이었다는 것을. 한양도성의 모든 구간 중에서도 초기 석성의 모습을 가장 잘 간직한 곳이자, 축성 당시의 '각자성석(성 축조 당시 공사 담당자의 성명, 직책, 담당 지역 등을 새긴 성돌)'이 다수 남아 한양도성의 옛 자취를 가늠할 수 있는 곳이란 것을. 그리고 남산이야말로 봄볕이 가장 먼저 들던 서울의 남쪽이었다는 사실을 말이지요.

다산팔각정에서
남산 정상으로

9개월 만에 다시 다산팔각정을 찾았습니다. 버티고개역에 있는 공포의 에스컬레이터는 한 번 타봤다고 처음처럼 놀랍지는 않았지만, 여전히 대단한 포스를 풍기며 사람들을 태우고 올라갑니다. 지하철역을 나와 역시 한 번 와봤다고 익숙해진 동네를 가로질러 오르막길을 걸어갑니다. 편의점에서 각자 취향껏 고른 삼각김밥과 음료수를 꺼내 놓고 정확히 그때 앉았던 다산팔각정 그 자리에 다시 앉았습니다. 인생은 돌고 도니까요.

자리에 앉아 둘러본 풍경은 작년 여름과 다르지 않습니다. 다만 그때와 반대로 우리는 다산동을 등지고 남산구간 이정표가 가리키는 방향을 따라 정상까지 오른 뒤 백범광장으로 내려와 숭례문까지 가볼 참입니다. 펜스 너머 오월의 숲은 그야말로 초록의 대잔치…. 무서우리만치 가득한 초록들 사이로 오늘은 어떤 길이 펼쳐질지 궁금함이 더해집니다.

다산팔각정에서 남산으로 이어지는 성곽길의 일부는 호텔 부지와 도로로 단절되어 있지만, 원래 그 자리에는 '남소문'라 불리던 성문이 있었습니다. 광희문으로 멀리 돌아가지 않고 한강나루로 곧장 오가기 위해 세조 3년[1457] 도성의 동남쪽에 만든 문이었지요. 그러나 길이 좁고 다니는 사람도 많지 않은 데다, 풍수상의 이유로 축성 12년 만인

예종 원년[1469] 때에 이르러 폐쇄되고 언제 소실되었는지 모른 채 잊히게 됩니다.

그러고 보니 '버티고개'도 옛날 옛적 도적 떼가 몸을 숨길 만큼 깊숙한 고개였다던데, 다산팔각정에서 걸어오며 새삼 놀라웠던 건 남산의 산자락도 무척 넓고 깊다는 것이었습니다. 더구나 성곽길 초입은 까마득한 오르막이라, 가파른 경사면에 옥개석(지붕돌)조차 없는 기이한 모양의 성곽이 어두컴컴한 숲 사이로 이어지고 있습니다. 해가 들지 않는 어두운 숲, 인적 없는 계단, 음습한 분위기에 아이들도 질겁한 모양입니다.

한양도성의 성곽을 따라 남산 정상으로 가는 것은 저도 처음이라 그런지, '남산이 이런 곳이었어?' 묻고 싶을 만큼 가파르고 울창한 숲길이 계속됩니다. 거의 다 왔다는 느낌으로 성곽길에서 이어지는 작은 전망대에 올라서니 남산 동쪽의 파노라마가 다채롭게 펼쳐집니다. 건물들에 가려 광희문과 이간수문, 흥인지문까지 하나하나 자세히 보이지는 않지만, 낙산으로 이어지는 한양도성의 실루엣이 고스란히 전해지지요.

한양도성과 나란히 이어지던 계단이 끝나고 길은 숲속 오솔길로 바뀝니다. 흔한 참나무 군락 사이로 무리 지은 이름 모를 산나무들, 길가에 핀 야생화, 습기를 가득 머금은 양치류들이 무척 다양한 남산의 식생을 보여주고 있습니다.

이마에 흐르는 땀을 닦으며 내려오던 외국인 한 명을 만났을 뿐, 인적이라곤 없던 깊은 숲길을 날랜 다람쥐들과 눈 마주치며 걷는 즐거움은 말로 다 할 수 없습니다.

어느새 N서울타워가 보입니다. 사람들로 북적이는 남산공원길과 길이 합류되는 쉼터에서 잠시 쉬면서 다산팔각정에서부터 걸어온 성곽길을 떠올려봅니다. 초기 석성의 투박함과 호젓한 숲의 분위기에 흠뻑 빠질 만한 멋진 길이었어요. 다리가 조금 아플 뿐…. 우리는 거대한 푸른 나무들이 자아내는 초여름 분위기를 만끽하며 다시 모습을 드러낸 한양도성을 따라 남산 정상으로 올라갔습니다.

투명 난간 너머
눈앞에 펼쳐진 옛 지도

아마도 이곳에서 가장 붐비는 곳은 '사랑의 자물쇠'와 함께 서울의 남쪽 시가지가 조망되는 N서울타워 쪽이겠지만, 우리는 북쪽 전망데크로 걸음을 옮깁니다. 그러나 이쪽도 만만치 않지요. 투명 난간 너머로 보이는 건 여행 잡지의 표지로도 손색없을 만한 풍경이니까요. 좌측의 인왕산과 가운데 백악, 그 뒤를 받치며 우뚝 선 북한산 보현봉과 아름다운 주봉의 능선들, 그리고 낙산에서 남산으로 이어지는 내사산의 환상적인 마운틴 릿지….

백악에서 와룡공원을 지나 뻗어 내려온 짙은 녹음은 지금쯤 창덕

남산 정상에서

궁과 종묘를 거닐고 있는 이들에게 시원한 그늘을 드리우고 있을 것입니다. 녹음의 끝자락에는 창덕궁 인정전의 화려한 팔작지붕과 종묘 정전의 단순한 지붕 라인이 선명하게 대조를 이루지요. 경복궁과 광화문은 보이지 않아도 어딘지 알 수 있습니다. 북촌과 서촌, 부암동,

이화동 같은 정겨운 동네들은 산자락 아래 새까맣게 자리를 잡았고, 높은 빌딩들 사이로 청계천 맑은 물도 경쾌한 소리를 내며 흐르고 있겠지요.

얼핏 보면 눈부신 발전을 이룬 21세기 서울의 도심 풍경이겠지만, 찬찬히 들여다보면 이곳이 내사산을 한데 잇는 한양도성으로 둘러싸여 네 개의 대문(숭례문, 흥인지문, 돈의문, 숙정문)과 네 개의 소문(창의문, 혜화문, 소의문, 광희문)을, 두 개의 수문(오간수문, 이간수문)과 두 곳의 곡성曲城(백악곡성, 인왕곡성)을, 그리고 치성과 다섯 개의 봉수대를 두었던 오래된 도시였다는 것을 알 수 있습니다.

대부분 복개되어 아스팔트로 덮여버렸지만, 내사산 골짜기를 타고 내려온 옛 물길들은 청계천으로 모여 오간수문으로, 이곳 남산에서 발원한 남소문동천은 이간수문 밖으로 흘러 다시 만났을 테지요. 옛 물길도 골목골목 이어지던 옛길들도 사라졌지만, 저기 어디 즈음에 조금은 남아 오래된 것들이 만들어내는 역사적인 분위기로 우리를 빠져들게 합니다.

유홍준은 그의 답사기에서 "서울의 옛 모습을 말할 때면 나는 2개의 고지도가 절로 머리에 떠오른다"고 하였지요. 한양도성의 밖을 그린 〈경조오부도〉와 도성의 안쪽을 그린 〈한양도성도〉가 그것입니다. 그중 〈한양도성도〉는 저도 무척이나 좋아하는 옛 지도입니다. 내사산은 물론 북한산과 도봉산의 봉우리까지, 거기에 북한산성과 탕춘대성, 한강과 중랑천, 사천(모래내)의 큰 물길까지 한양도성의 배경들이 마치 한 폭의 산수화처럼 아름답게 묘사되어 있습니다.

한양도성 안쪽은 경복궁과 창덕궁, 두 궁궐을 중심으로 붉은 길과 푸른 물길들이 동맥과 정맥처럼 이어지며 곳곳에 활기를 불어넣고 있습니다. 한성부 5부의 경계는 붉은 점선으로, 그 아래 49개 방坊은 네모난 황색 테두리로 표시되어 있고, 가장 말단인 330여 개의 계契 이름까지 빼놓지 않고 기록되었습니다.

〈한양도성도〉는 조선 시대 제작된 지도 중에서도 상당히 정확하고 세밀한 것으로 평가되고 있지만, 그 정확함과 세밀함이 위트 있게 표현된 점이 이 지도의 매력이 아닐까 싶습니다. 오간수문과 이간수문의 단순한 형태라든가, 궁궐 안을 가득 채운 나무들과 붉은 전각들도 오늘날 지도에 쓰이는 범례처럼 규격화되어 있습니다. 무엇보다 개천 동쪽에 촘촘하게 그려진 버드나무들은 당시 오간수문 주변의 버드나무가 얼마나 유명했는지를 상상하게 합니다.

아이들은 유리 난간 앞에 바짝 붙어 섰습니다. 인왕산을 타고 오르는 성곽 자락이 명주실 타래처럼 놓여 있습니다. 도성 안의 모습이 천지개벽이라는 말이 모자랄 만큼 변하였대도, 저기서 복닥거리며 이고 지고 살았을 한양 시절의 사람들도, 지금 우리도 별반 다를 것이 없겠지요.

그러니 애들아! 저기 좀 봐봐. 저곳을 우리도 가봤잖아. 여기서 보이는 것들이 놀랍지 않니? 우리 눈앞에 서울의 옛 지도가 펼쳐져 있단다!

남산 수난의 역사와
제 모습 찾기

복원된 제3봉수대를 지나 내려갈 준비를 합니다. 마주 보며 올라오는 사람들의 벌겋게 달아오른 얼굴마다 괜히 걸어왔나 싶은 표정이 역력했지요. 한 계단, 한 계단 내려서며 돌아본 곳에는 타워가 닿을 듯 말 듯하고, 잠두봉에 이르러서는 손에 잡힐 듯 가까운 시가지 풍경이 더 자세히 보고 싶어서 눈을 치켜뜨게 될 것입니다. 가팔랐던 계단도 완만해지고 길이 평지로 접어들면 서북쪽 시가지를 향해 길쭉하게 뻗은 회현 자락이 모습을 드러냅니다. 우리는 한창 복원 공사 중이던 중앙광장 구간을 지나 백범광장에 도착했어요.

남산의 넓게 퍼진 산자락과 완만한 산등성이는 보는 이로 하여금 편안함을 느끼게 합니다. 태조가 일찍이 남산의 산신을 '목멱대왕'으로 봉하고 그곳에 나라의 안녕과 복을 비는 '목멱신사(국사당)'를 세운 것도 그 때문이었을 겁니다. 저녁나절 피어오르는 봉수의 횃불을 보며 하루의 무사함에 안도했을 백성들에게도 남산은 무척이나 가깝고 친숙한 대상이었을 것입니다. 그래서였을까. 일제강점기와 함께 본격적으로 시작된 근대화 과정에서 내사산의 어떤 산보다 많은 부침을 겪어야 했던 곳이 바로 남산이었습니다.

특히 강제 병합 이전부터 일본인들의 주요 거류지였던 남산 주변에는 크고 작은 신사와 근대식 공원들이 많았습니다. 1925년, 이곳 회

백범광장으로 내려가는 길

현 자락에 약 10만 평 규모로 조성된 조선신궁은 그야말로 신사의 총
집결지로서 압도적인 규모를 가지고 있었지요. 한양도성은 조선신궁
의 본전과 광장, 참배도가 조성되며 헐려나가고, 그나마 남아 있던 성
벽도 '황국신민서사지주'를 세우며 훼철되기에 이릅니다.

해방을 맞으며 조선신궁은 철거되지만, 이승만 동상 건립[1956], 국회 의사당 부지 조성 공사[1958] 등으로 산자락이 깎여나가며 남은 흔적들 마저 자취를 감추게 됩니다. 이후 5·16 군사 정변으로 공사가 중단되고 1960년대를 지나며 그곳에 아동광장과 백범광장이 조성됩니다. 그러나 회현 자락뿐 아니라, 남산 곳곳에는 이미 반공과 고도성장의 깃발 아래 각종 국가 시설물과 건축물이 무분별하게 들어서고 있었지요. 그런 시기를 지나 남산의 치유와 회복에 대한 자성의 목소리를 구체화한 것이 바로 1990년 '남산 제 모습 찾기' 계획이었습니다.

수방사 이전[1991], 제3봉수대 복원[1993], 외인 아파트 철거[1994], 안기부 이전[1995], 남산골 한옥마을 조성[1998] 등 남산의 제 모습을 되찾기 위한 여러 과정 중에서 아쉽게도 회현 자락의 성곽 복원은 시행되지 못했습니다. 이후 2009년 '남산 르네상스' 계획의 수립으로 회현 자락의 회복과 한양도성의 복원이 구체화되었고, 2013년 아동광장과 백범광장 구간의 성곽이 먼저 복원되면서 우리의 품으로 돌아왔습니다.

그사이 서울 밖으로 이사를 하고, 남산 갈 일이 요원했던 제가 아이들과 순성을 시작한 지 얼마 안 되었을 때, 회현 자락의 한양도성이 복원되었다는 것을 알게 되었습니다. 몸이 녹아내릴 것같이 무더웠던 8월 어느 날, 복원된 성곽만 잠시 다녀오자며 답사를 나섰습니다. 아이들과 땀을 한 사발씩 흘리며 보았던 회현 자락의 한양도성은 너무도 새하얗고, 너무도 새것 같았지만, 그 백색의 라인 너머로 펼쳐진 풍경에는 뭔가 가슴 벅찬 것이 있었습니다.

훗날 남산을 온전히 순성하며 내려오던 날, 파란 장막이 덮인 중앙 광장 구간의 공사 작업은 남산 수난의 시작과도 같았던 회현 자락의 한양도성을 복원하기 위한 마지막 단계였습니다. 지금은 복원 공사를 모두 마치고, 조선신궁 배전터와 방공호 등 수난의 역사와 함께 '한양도성 유적전시관'이 발굴 당시의 모습대로 조성되어 있습니다.

'600년 역사를
가로지른다'

아직 잔디가 다 자라지 않은 백범광장을 가로질러 복원된 한양도성의 가장 높은 자리에 올랐습니다. 언덕 아래로 구불구불 이어지는 백색의 성곽은 여전히 다이내믹한 서울의 시가지 풍경과 극명한 대조를 이루고 있었지요.

무엇이 남고, 무엇이 사라지는지 모를 모호함 속에서 한양도성을 안내하는 책자마다 숱하게 적혀 있던 '600년 역사를 가로지른다'는 말의 의미가 여기서는 더욱 비장하게 전해집니다.

회현 자락이 끝나는 삼거리에는 수난의 시대를 거치는 와중에도 용케 남은 한양도성의 일부가 있는 듯 없는 듯 자리를 지키고 있습니다. 도로에서 보이는 건 여장뿐이지만, 굴다리를 지나 바깥길로 나가면 성돌들의 모양새가 무척이나 반듯하다는 걸 알게 되지요. 은행나무

가로수 아래 옛 성곽은 말없이 다정하지만, 사람들은 무심히 가던 걸음을 재촉합니다. 남아 있는 한양도성은 '서울로7017'과 만나는 교각 아래에서 끊기고, 우리는 길 건너 숭례문 쪽으로 걸음을 옮겼습니다.

남산. 옛사람들은 '목멱산'이라 불렀겠지요. 한강에 얼음 깨지는 소리가 요란해지고, 가장자리 땅이 질척거리며 녹아갈 즈음이면, 이른 봄볕이 가장 먼저 들던 곳이었습니다. 이제는 서울의 한가운데로 자리를 옮겨 명실상부한 대표 관광지가 되었지만, 실은 봄볕에 퍼뜩 정신을 차린 이름 모를 수목들이 부산스럽게 싹을 틔우던 한양도성의 남쪽이었습니다.

아직 해도 뜨지 않은 이른 새벽, 통행금지를 마치는 파루罷漏의 종

이 울리면, 전국 각지에서 몰려든 사람들이 어서 성문이 열리기를 기다리며 길게 줄을 잇고, 숭례문 남쪽에 있던 남지南池에서는 흐드러진 버들과 연꽃 향기에 취해 오가던 이들조차 걸음을 멈추었을 것입니다.

쉴 새 없이 오가는 자동차 사이로, 우뚝 솟은 빌딩들 아래로 길은 이어지고 끊어지고 다시 이어집니다. 인왕산에서 백악산으로, 다시 낙산에서 남산으로…. 그리고 다시 이 자리로 와서 지나간 도시의 흔적들을, 지나온 도시의 풍경들을 오롯이 담아내고 있습니다. '600년 역사를 가로지른다'는 그 흔해 빠진 말의 의미가 결코 헛된 것이 아니었음을 하나의 선으로 옳게 보여주고 있습니다.

회현자락에 복원된 한양도성

06 한양도성, 훼철의 시간들

숭례문에서 돈의문터까지 ————————————————

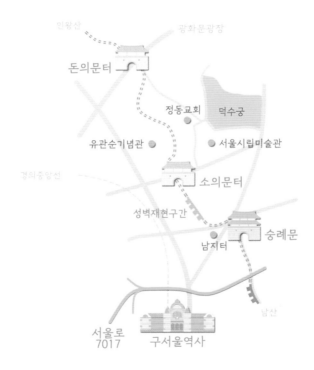

역사의 선상에
선 기분

날짜를 정해놓은 것은 아니지만, 서울로 답사를 갈 때마다 아이들 눈치를 봐야 하는 날이 많아졌습니다. 처음 일 년 동안은 신이 나서 따라나선 아이들도 해가 바뀌면서 시큰둥한 기색이 역력합니다. 그래도 아직은 할 만해서 도착할 역의 이름을 일러주고 졸고 있으면, "엄마! 엄마! 빨리빨리! 여기 내려야 돼!" 하면서 먼저 난리를 칩니다. 너희들 아니었으면 큰일 날 뻔했다고 호들갑을 떨며 동대문역사문화공원역에서 4호선으로 바꿔 타고 회현역으로 향합니다.

이번 순성은 그동안 미뤄두었던 대표적인 멸실 구간인 숭례문에서 소의문터를 지나 돈의문터에 이르는 길입니다. 회현역 5번 출구로 올라가면 바로 남대문시장 입구지만, 우리는 횡단보도를 건너 곧장 '서울로7017'에 들어섭니다. 대규모 집회가 서울역 앞 광장을 한바탕 훑고 지나가자 서울로7017은 여느 때의 모습으로 돌아왔습니다. 쩌렁쩌렁한 음악 소리와 함께 마지막까지 구호를 외치던 사람들이 숭례문

쪽으로 빠져나가자, 그제야 서울로7017에서 바라보는 풍경들이 눈에 들어옵니다.

서울역으로 들어오는 복잡한 철로들과 고압전선들, 언제 저렇게 지어졌나 싶은 아파트 단지들, 고가도로 양옆을 가득 메운 빌딩 숲들…. 새로운 핫 플레이스의 탄생과 함께 사람들이 교각을 가득 메우고 있었습니다. 그러나 무엇보다 먼저 눈길을 끈 것은 투명 난간 너머로 보이던 '옛 서울역사'였습니다.

서울로7017로 바뀌기 전의 '서울역 고가도로'는 그 이름처럼 서울역 철도선로에 의해 단절된 양쪽 지역을 연결하기 위해 건설된 고가도로였습니다. 노후로 인한 안전문제로 차량 운행이 통제된 후 철거 논의를 밟아가던 중 2017년, 보행자를 위한 문화공간으로 재탄생한 것이었지요.

유난히 많은 관광객이 다닥다닥 모여서 바라보는 곳에는 '숭례문'도 있었습니다. 빌딩 숲으로 에워싸인 숭례문은 이쪽에서 봐도 무척이나 드라마틱해 보였지요. 한 나라의 시작과 함께 위풍당당하게 세워졌을 숭례문과 그 나라의 역사가 저물고 이제 세상이 바뀌었음을 보여주려는 듯 화려한 르네상스풍 양식으로 지어진 옛 서울역사 사이에는 고작 500미터 남짓한 거리가 존재할 뿐이었습니다.

외국인 관광객들 사이에 끼어 고개를 이쪽저쪽 돌려가며 그 둘을 보고 있으려니, 좀 이상한 기분이 들었습니다. 고가 아래 복잡한 교차로에는 족히 수백 대는 되어 보이는 자동차들이 가다 서다를 반복하

서울역과 서울로7017

고 있었지요. 오백여 년이 넘는 시간의 간극을 두고, 이 도시를 상징하
는 두 건축물이 고작 500여 미터 떨어진 거리에서 마주 보며 만들어
내는 분위기는 마침 저를 포함하여 서울로7017을 걷고 있는 모든 이
들이 어떤 역사의 선상에 존재하는 한 사람, 한 사람이라는 사실을 구

체적인 이미지로 그려내고 있었습니다.

우리는 '사실'로서의 역사를 배우고 공부하지만, 이렇게 눈에 보이는 실제 유구 앞에서 그것과 나 사이에 존재하는 시간의 의미를 깨닫게 될 때, 그제야 나를 주체로 한 역사적 '체험'이 가능할 것만 같았습니다. 그것은 수천 년의 시간을 아우르는 유일무이한 어떤 것이 아니었습니다. 숭례문과 옛 서울역사, 그리고 거기서 두리번거리고 있던 저의 시간에 불과했지만, 저로서는 충분히 생각해 볼 만한 것이었지요.

인공의 공간에 심어진 나무들이 무럭무럭 자라나 그늘을 드리워주기를 바라며 서울로7017의 계단을 뱅글뱅글 돌아 내려왔습니다. 우리가 그렇듯 이곳의 나무들도 얼마간의 시간이 필요할 것입니다. 집회 참가자들이 썰물처럼 빠져나간 길을 따라 우리는 숭례문으로 향했습니다.

한양도성에 가해진 최초의 인위적 훼손

마지막으로 뒤따르던 집회 참가자들이 서울시청 쪽으로 사라지고, 일요일 오후의 한산함과 함께 더는 이어질 수 없는 숭례문 성벽의 날개 자락만이 기이한 설치미술처럼 남았습니다. 2008년 방화사건으로 내려앉은 숭례문은 2013년 우여곡절 끝에 다시 복원되었지만, 그 과정에서 있었을 수없이 많은 고민과 문제들이 고스란히 전해지는 것 같았지요.

숭례문이 훨훨 불타오르던 모습과 이층의 문루가 풀썩 주저앉던 충격적인 장면을 전하던 긴급속보를 모두가 기억하고 있을 것입니다. 이미 백여 년 전 이곳에서 한양도성 훼철의 역사가 시작되었다고 해도 무방할 숭례문이었지만, 21세기가 되어서도 그런 수난을 겪는 걸 보면 국보 1호의 무게가 만만치 않음을 절감하게 됩니다.

태조 5년¹³⁹⁶ 처음 축성된 한양도성은 평탄한 곳은 토성으로, 성터가 높고 가파른 곳은 석성으로 쌓아 올렸습니다. 세종 4년¹⁴²² 한양도성이 대대적으로 개축될 때 전체의 3분의 2에 달했던 토성 구간이 모두 석성으로 고쳐지면서 비로소 온전한 도성의 면모를 갖추게 되었지요. 이후 조선의 국왕들에게 성곽은 '안팎을 엄하게 하고 나라를 굳게 지키는 것城郭所以嚴內外而固邦國'으로서 세심하게 관리되었습니다.

그러나 조선 중기에 일어난 전쟁은 조선 사회의 모든 것을 바꾸어 놓았습니다. 특히 임진왜란으로 많은 성곽이 훼손된 데다, 정묘호란과 병자호란 이후 청과 맺은 조약으로 성곽 일체를 쌓거나 보수할 수 없게 되자 한양도성은 곳곳이 방치되며 허물어졌습니다. 그러나 세월이 흐르며 국제정세에도 얼마간 변화가 일었습니다. 논란 끝에 숙종 30년¹⁷⁰⁴ 전면적인 보수와 개축이 시작되었고, 영조 연간에 이르러 마무리됩니다.

이후로도 여러 차례 보수되면서 한양도성은 도성으로서의 명맥을 유지하였습니다. 그러나 1907년 헤이그 밀사 파견을 구실 삼은 일제와 친일파에 의해 고종 황제가 강제 폐위되면서, 축성 이후 오백여 년 이상 이어져 왔던 한양도성은 그 틈에 최초의 인위적인 훼철을 겪게 됩니다.

1899년 5월 경희궁 흥화문에서 흥인지문까지 최초의 전차가 개통된 이후, 도성 안팎을 오가는 전차 노선의 개설은 한양도성 훼철의 주요 원인이 되었습니다. 개통 당시는 전차가 성문의 홍예 밑을 지나갔기 때문에 큰 변화가 생기지 않았습니다. 선로 위에 놓인 무쇠 상자가 스르르 움직이는 모습에 놀란 사람들이 눈을 동그랗게 뜨고 쳐다볼 뿐이었지요. 전차는 신문물의 상징으로 엄청난 인기를 얻었지만, 전차 노선이 늘어나면서 가뜩이나 비좁은 성문 아래를 계속해서 드나들게 되니 짐을 실은 사람과 가축들이 전차에 치여 죽거나 다치는 사고가 빈번히 일어나게 됩니다.

1907년 3월 친일파 대신들이었던 박제순, 이지용, 권중현에 의해 '동대문과 남대문 두 대문은… 문루 좌우의 성첩을 각각 8칸씩 허물어 전차가 출입하는 선로를 만들고 원래의 문은 백성들이 왕래할 수 있도록' 남겨두자는 내용이 주청되어 고종의 재가를 받았으나, 성벽이 곧바로 헐리지는 않았습니다. 이미 정치적 실권을 잃은 고종이었지만, 그가 황제의 지위를 지닌 동안은 도성의 지위도 함께 유지되던 것이었지요.

그러나 같은 해 7월 석연치 않은 과정으로 고종이 폐위되고 순종 황제가 즉위하자마자 조직된 '성벽처리위원회'는 숭례문의 북쪽 성벽을 시작으로 한양도성뿐 아니라 지방 읍성의 성곽까지 포함한 훼철을 이듬해 9월까지 자행하였습니다. 1907년 10월에 예정된 일본 황태자의 방문으로 숭례문 성벽 일부가 먼저 철거된 것인데, 훗날 천황이 될 지엄한 몸이 보호국 성문 아래를 지나갈 수 없다는 게 그 이유였습니다.

황폐한 성곽을
비추는 것은

이유야 어찌 됐든 1910년 강제 병합과 함께 버드나무와 연꽃 만발했던 남지마저·위생상의 이유로 메워지고, 좌우 성벽이 완전히 잘려 나간 숭례문이 길 복판에 섬처럼 남겨지게 되었습니다. 그사이 나라 잃은 백성들이 가장 먼저 목도했던 것은 아침저녁으로 마주 보았던 성벽이 허망하게 허물어지는 광경이었을 것입니다.

이후 한양은 조선 왕조의 왕도王都에서 경기도청 소재지 게이죠京城로 격하되었습니다. 일제는 1912년 일종의 도시 개조 사업인 '시구개수市區改修'를 통해 고유한 지형 지세와 상징적 위계 속에서 조화를 이루고 있던 한양의 전통적인 공간 구조를 해체하고, 격자형 도로 체계를 가진 근대도시로 바꿔나갔습니다.

그것은 '제국 7대 도시'로서의 허울을 뒤집어쓰고 있었지만, 한 도시가 시대의 변화와 필요에 부응하며 자연스럽게 행해진 과정은 아니 었습니다. 식민도시 게이죠에 대한 통치 편의를 위한 도시 개조, 그 구체적 행위로서 전차 노선 증설, 도로 개설과 확장, 주택지 건설 등 얼핏 근대화로의 이행으로 보이는 일련의 계획들은 건국 이래 거의 원형의 모습대로 유지되었던 한양도성의 훼철이 없이는 불가능한 일이었습니다.

1911년 우회 도로가 만들어지며 흥인지문은 숭례문처럼 도로 한가운데 고립되었고, 소의문과 돈의문도 도로 개설 등을 이유로 각각 1914년, 1915년 철거되어 팔려나갔습니다. 혜화문은 문루가 헐리고 방치되다가 1938년 완전히 자취를 감추고 말았지요.

한양도성의 출입문이었던 성문들의 해체는 곧 한양도성의 해체를 의미했습니다. 일제강점기를 지나며 그나마 남아 있던 성문과 성벽도 한국전쟁과 격렬했던 산업화의 시대를 거쳐오면서 '이조李朝 시대'를 상징하는 낡은 유물처럼 사람들의 기억 속에서 서서히 잊히게 됩니다.

1926년 창간된 대중잡지《별건곤別乾坤》에서는 1929년 9월 경성에서 열리는 조선박람회를 보러 상경하는 사람들을 위해 '대경성 특집호'가 발간됩니다. 1929년이면 전차가 놓인 지도 벌써 30년이 지나 큰길가에는 온종일 사람들로 만차가 된 전차들이 오가고, 성벽을 허물고 확장된 도로 옆에는 근대식 건축물과 일본식 가옥들이 즐비했을 것입니다.

숭례문

　특집호에 실린 「대경성성벽답사기」에는 이미 사람들에게 존재조차
잊힌 채 낡아가는 한양도성의 자취가 "황폐한 성곽을 허망하게 비추는
것은 푸른 산의 달荒城虛照碧山月"이라 노래했던 이태백[701~762]의 시구에
비유되며 쓸쓸하게 남아 있을 뿐이었습니다.

그나마 시대 변천의 결과로 지금은 아주 무용의 장물이 되어 예전에 웅위장대를 자랑하던 그것이 모두 퇴폐 황량하여, 군마軍馬가 가로지르던 길에는 여우와 살쾡이가 날뛰고, 여장의 총혈銃血은 새와 쥐의 소굴이 되고, 다만 옛날에 비추던 푸른 산의 달만 밤마다 변함없이 비추어 감상적 시인으로 하여금 황성허조벽산월의 슬픈 노래를 부르게 되니 어찌 감개무량하지 않으랴.

— 수춘학인壽春學人, 「대경성성벽답사기」,《별건곤》제23호

1907년, 숭례문의 북쪽 성벽을 허무는 것으로 시작된 한양도성의 인위적인 훼철은 일제강점기를 거치는 동안 계속되었습니다. 역사적 가치에 대한 이해 부족과 근대도시로의 이행을 위한 파괴, 거기에 식민통치를 위한 지배 이념까지 더해져 수백 년간 사람들이 오가던 성문들도 하나둘 자취를 감추고, 평지 구간에 쌓아 올린 한양도성의 성벽도 대부분 그 모습을 잃게 됩니다.

숭례문·소의문·돈의문
삼문 일대의 변화

시커멓게 먼지를 뒤집어쓴 남지터 표석을 뒤로하고 대한상공회의소 쪽으로 방향을 틀었습니다. 쭉쭉 솟은 빌딩과 쉴 새 없이 지나가는

자동차들, 넓은 도로…. 우둘투둘 박석이 깔린 바닥을 보며 이곳이 한양도성이 지났던 자리임을 직감합니다.

그러나 여기서 성곽의 흔적을 찾기란 쉽지 않지요. 숭례문에서 소의문터를 지나 돈의문터에 이르는 길은 한양도성 전체 구간 중에서 가장 대표적인 멸실 구간이기 때문입니다.

원래 도성의 서남쪽에 위치한 숭례문, 소의문, 돈의문은 '삼문三門' 또는 '서삼문西三門'이라 따로 불릴 정도로 물자와 사람들의 왕래가 빈번한 곳이었습니다. 삼문 밖의 길들은 무악재를 넘어 북쪽으로, 동시에 양화진, 서강, 마포와 같은 한강의 서남쪽 포구들로 연결되었고, 삼문을 통해 들어온 길들도 도성 안의 중요한 길들로 이어졌습니다.

돈의문은 사신들의 길인 사행로使行路로 이어지던 서쪽 대문이었고, 소의문은 장례 행렬이 나가던 죽은 이들의 문으로서, 또한 숭례문은 한양도성의 정문으로서 각기 위상과 쓰임새는 달랐지만, 백성들의 일상의 삶에서는 크게 구분 없이 사용되었을 것입니다.

삼문 안팎은 번화했고 오가는 사람들로 북적였습니다. 길은 사방으로 이어져 조선 후기에 이르면 상업적으로 더욱 번성하게 되지요. 그런 까닭에 개화의 바람이 혹독하게 몰아쳤던 조선 말, 가장 먼저 전차 선로가 놓이고, 길이 확장되면서 큰 변화를 맞이해야 했던 것이었습니다.

성벽처리위원회가 조직되고 일 년 남짓한 기간 동안 훼철된 성벽의 규모는 소의문 부근의 성벽 77간, 숭례문 부근 성벽 77간이었습니다.

일제강점기 초반에 소의문과 돈의문은 흔적도 없이 헐렸고, 거기서 나온 목재나 석재들은 여기저기로 팔려나가게 되었습니다. 그만큼 당시 삼문 안팎의 변화는 컸고, 그 이후로도 한양도성의 훼철은 매우 빈번하게 일어났습니다.

네모반듯한 돌들 아래로 유난히 거칠고 짙은 옛 돌들이 군데군데 남아 있습니다. 처음 쌓았던 돌들은 허물어지고, 고쳐 쌓은 돌들도 어딘가로 옮겨져 이렇게만 남게 되었을 것입니다.

한양도성 관광안내지도에는 이 구간을 '성벽재현구간'이라 표시해 놓고 있지요. 순성 중이 아니었다면 와볼 일 없었을 빌딩 숲 사이, 나른한 오후의 햇살 속에서 여기가 성곽이 지나던 자리였다고 미미한 존재감을 드러내는 흔적들을 보니 그들이 겪어온 자취가 고스란히 전해지는 것 같았습니다.

차라리 아무것도 없었다면 모르고 지나쳤을 텐데, 온전치 못한 상태로 남은 유구 중에는 그렇기 때문에 오히려 우리에게 더 많은 것을 이야기해 주는 것들이 있습니다.

있었던 것이 사라진 자리에서 우리가 얻는 것은 성자필쇠盛者必衰의 깨달음만은 아닐 것입니다. 시간과 더불어 존재하는 모든 것 중에 영원한 것은 없다는 사실 앞에서 우리는 그제야 고개를 끄덕이며 그 의미를 되새기게 될 테니까요.

비록 탄성을
자아내지 못할지라도

그날 소의문터에 도착했을 땐 순서도, 계획도 없이 시작했던 순성을 모두 마치던 순간이었습니다. 우리는 가면 안 되는 길을 빼고는 한양도성의 안과 밖을 모두 걸어서 소의문터에 도착했습니다. 저는 감개무량하여 눈물이라도 한 방울 날까 싶었지만, 담벼락 아래 어색하게 놓인 소의문터 표석만이 조금 애처로울 뿐이었어요.

아이들과 함께 다니는 동안 그 자리가 중요한 역사의 현장이었음을 말해 주는 많은 표석들을 보았습니다. 우리가 빼놓지 않고 하려고 했던 일 중에는 그런 표석 앞에 잠시 멈춰 서는 것도 있었지요. 대부분 누군가 태어났거나, 살았거나, 또는 죽었던 자리였고, 무언가 있었던 곳들이었습니다. 아무리 성군이셨다 한들 '세종대왕 나신 곳' 표석 앞에서 감격에 겨울 일은 없겠지만, 지나는 길에 잠시 서서 읽어볼 만한 가치가 있음을 깨닫기에는 거기 적힌 단 몇 줄의 설명으로 충분했습니다.

우리는 감동을 주는 유적과 유구 앞에서 자주 '과거로의 여행'을 이야기합니다. 모든 여행이 그러하듯이 과거로의 여행도 찬란했거나, 자랑스러웠거나, 대단했기를 기대하기에 우리의 시선은 위대한 문화재 앞에 먼저 가닿지만, 길을 걷다 보면 다른 방식으로 한 도시를 의미 있게 해주는 공간들이 곳곳에 자리 잡고 있음을 알게 됩니다. 비록

돈의문의 옛 풍경

탄성을 자아내지 못할지라도….

　유구와 나 사이에 놓인 긴 시간을 헤아려보고, 눈에 보이지 않는 장
소들이 뿜어내는 역사적 분위기를 느껴보는 노력이야말로 이 도시를
'역사 도시'라고 부를 수 있게 하는 것은 아닐지….

114

늦은 오후가 다 되어 정동길을 빠져나와 길 건너 돈의문터 앞에 섰을 때, 대한제국 마크가 선명하게 찍힌 단선 전차가 홍예 아래로 미끄러지듯 들어가는 모습을 상상하며 '과거로의 여행'을 이야기하기란 쉽지 않을 것입니다. 그것은 순성의 경험이 아이들의 기억 속에 뜻깊게 남아주기를 기대하는 엄마의 그림 속에서나 가능한 일이겠지요.

그럼에도 불구하고 우리가 걷던 길 어디 즈음에 돈의문이 있었기에, 돈의문 아래를 수없이 오고 갔을 옛사람들의 모습을 떠올리면서 그 빈자리에 서보는 것도 괜찮을 것입니다. 아이들은 그때 우리가 심드렁하게 서서 바라보던 그곳이 돈의문터였다는 사실은 다 잊어버리고, "그때 딸기 빙수 엄청 맛있게 먹었던 데 있잖아!"라고 말해 줘야 "아아, 거기?" 하면서 알은체를 할 뿐이지만요.

우리는 돈의문터를 뒤로하고 사람들로 붐비는 광화문 사거리에 도착했습니다. 그들 사이를 비집고 지하철역으로 내려가면서 순성을 다 마쳤다 해서 뭐가 그리 달라지겠냐마는, 하기로 했던 일을 어쨌든 했다는 사실이 중요했습니다. 순성은 끝났지만 남은 일들이 산더미처럼 쌓여 있었습니다.

아이와 함께
걷는 일

작년 7월 말이라든가, 서른 몇 살 무렵이라든가, 십여 년 전이랄까, 그렇게 두루뭉술하게 말고, 정확히 몇 년 몇 월 며칠로 기억할 수밖에 없는 날짜가 있을 것입니다. 우리 삶의 방향이 결코 어제와 오늘의 차이로 딱 나뉘어 전개되는 것은 아니지만, 그 하루의 인상이 하도 강렬해서 지금의 모든 것이 그날로부터 비롯되었다고 말하지 않을 수 없는 날….

2017년 6월 3일, 저는 이날 아이들을 데리고 서울로 첫 답사에 나섰습니다. 큰아이는 2학년이 되었고, 작은아이는 그해 초등학교에 입학해서 겨우 혼자서 등하교를 하던 무렵이었지요. 초여름의 볕이 쨍하게 내리쬐던 토요일 오전, 기대 반 걱정 반으로 집을 나섰습니다. 그리고 마을버스 타고, 지하철 타고, 다시 버스로 갈아타고 남산골 한옥마을과 남산 정상, 개장된 지 얼마 안 된 '서울로7017'까지 무사히 첫 답사를 마치고 녹초가 되어 집으로 돌아왔습니다.

저와 아이들은 그렇게 순성을 시작해서 한양도성의 성곽길과 사대문, 사소문 안팎의 많은 역사적 장소들을 답사하였습니다. 2017년 6월 3일이 중요했던 이유는 어쨌든 그날, 첫발을 내디뎠기 때문이었습니다.

그것은 한 개인으로서 막연히 찾아왔던 것을 향해 한 걸음, 한 걸음 나아가는 일이었지만, 두 아이의 엄마로서는 엄마라는 자리에 대해 끊임없이 묻고, 답하는 과정이기도 했습니다. 그 둘은 맞물린 톱니바퀴처럼 착착 굴러갈 때도 있었지만, 만나기만 하면 싸우려 드는 개와 원숭이처럼 시시때때로 부딪치며 으르렁거렸습니다.

아이들과의 답사에 별일이란 게 있을 리가요. 길을 걸으며 주변을 휘휘 둘러보다가 사진을 찍고, 길옆 가게에서 파는 하드를 사먹는 게 우리가 하는 일의 전부였습니다. 바짝 답사하던 처음 몇 달간은 더할 나위 없이 좋았습니다. 순성도 답사도 여행과 다르지 않아서, 먼 데까지 아이들을 데려와 세상 구경 시켜주는 일은 괜찮지 못한 엄마 노릇의 일면에 얼마간 숨통을 틔워주기도 했었습니다. 그러나 어떤 날은 아이들도 저도 기분이 왕창 상해서 말 한마디 없이 집으로 돌아올 때도 있었습니다.

잘 다녀온 날도, 그렇지 못한 날도 있었지만, 답사의 횟수가 쌓여갈수록 아이들의 뒤통수를 보며 따라 걷는 일이 많아졌습니다. 거기까지만 했어도 좋았을 텐데, 조급함 때문에 아이들을 자주 다그쳤지요. 갈 길은 먼데 쭈그려 앉아 개미집 구멍 따위를 휘젓고 있거나 시답잖은 운동기구에 빠져서 갈 생각 없는 아이들을 재촉하며 "빨리, 빨리"

소리를 외쳐댔을 땐, 아이들 얼굴이 시무룩해졌다는 사실을 알지 못했습니다.

"엄마, 나 답사 안 가면 안 돼?"

꼬꼬마 시절이 지나가고 딸아이가 5학년 무렵이 되었을 때, 답사 갈 준비를 하고 있던 제게 딸아이가 무심히 건네던 그 말에 도저히 안 된다는 말을 할 수 없었습니다. 돌아보니 아이들과의 여행에서 정작 중요했던 건, 매시간 알차게 꾸며진 체험거리를 제공하고, 보람찬 일정 속으로 아이들을 밀어 넣는 것보다 그들 스스로가 여행을 시작하고 마무리할 수 있도록 몇 보쯤 떨어져 지켜보고 기다리는 일이었습니다.

돈의문터와
두 개의 박물관

돈의문터를 지나 월암근린공원에 이르면 말끔하게 정비된 한양도성이 언덕바지를 따라 환하게 자리 잡고 있습니다. 돈의문터에는 담장 형태의 조형물이 돈의문의 흔적을 대신하고 있을 뿐이지만, 주변에 '경희궁'과 '서울역사박물관', '돈의문박물관마을', 그리고 백범 김

서울역사박물관 야외전시장

구[1876~1949]의 사저로 쓰였던 '경교장'까지 한데 모여 있어 모두 한나절 답사 코스로 손색이 없는 곳들이지요.

　원래 돈의문은 한양도성이 축성될 때 함께 창건되었지만, 풍수상 불길하다 하여 태종 13년[1413] 폐쇄된 후 인근으로 옮겨 지어지고 '서

전문西箭門'이라는 이름으로 불리게 됩니다. 그러나 옮겨 지은 위치도 마땅치 않았던지, 세종 4년[1422]에 이르러 지금의 정동 사거리에 새로 세워지면서 원래의 이름을 되찾게 됩니다.

우리가 흔히 알고 있는 '서대문'이라는 이름은 남대문이나 동대문처럼 근대 시기에 와서야 사용된 것이었고, 새로 지어진 까닭에 돈의문은 '새문', 또는 '신문'이라는 별칭을 갖게 됩니다. 자연스레 돈의문의 안쪽 동네도 '새문안(새문안골, 신문내)'이라 불리게 되고, 오늘날 새문안로나 신문로 같은 명칭도 모두 옛 돈의문과 관련된 것이었습니다.

이번 순성길은 돈의문터에서 인왕산 구간의 한양도성이 본격적으로 시작되는 인왕산 자락까지 1킬로미터가 채 안 되는 짧은 구간입니다. 돈의문 일대의 옛 흑백사진 속에는 돈의문에서 이어지는 성곽이 경사진 언덕을 따라 드라마틱하게 놓여 있지만 월암근린공원에 일부가 복원되었을 뿐, 대부분 멸실 구간입니다.

그러니 이 짧은 순성을 시작하기 전에 서로 다른 두 박물관을 둘러보며 한양도성과 돈의문의 의미를 되짚어보는 것도 괜찮은 일일 것입니다. 박물관이라면 심드렁하던 아이들도 '서울역사박물관'의 도시모형영상관에서는 입을 쩍 벌렸고, 돈의문 안 마을의 근현대 모습을 도시재생방식으로 보존한 '돈의문박물관마을'에서도 태권브이 벽화 앞에 서서 낄낄대며 사진을 찍었습니다.

음식점으로 쓰이던 두 채의 양옥을 고쳐 개관한 '돈의문역사관'까지 둘러보고 나오니 멸실된 돈의문에 대한 아쉬움도 얼마간 덜어낼

월암근린공원

수 있을 것 같았습니다. 무엇보다 두 박물관에서는 서울이라는 도시
의 기억뿐 아니라, 돈의문이 품었던 장소의 흔적까지 서로 다른 방식
으로 들여다볼 수 있어서 좋았습니다. 그래서였을까. 관람을 모두 마
치고 복원된 성곽 자락을 찾아 월암근린공원으로 향하는 발걸음이 한

결 뿌듯해진 기분이었습니다.

복원된 성곽은 기상관측소의 옹벽 앞에서 끝이 나고, 언덕 아래로 보이는 교남동 일대는 순성 중에 마주친 여러 변화 가운데서도 무척 놀랄 만한 것이었습니다. 마지막으로 왔을 때는 한양도성의 복원 공사가 한창 마무리 중이었고, 언덕 자락에 어지럽게 주차된 자동차들과 다닥다닥 붙어 있는 구옥들 사이로 건너편 안산 자락이 훤히 내려다보였습니다.

그런데 갑자기 나타난 대규모 아파트 단지와 몰라보게 말끔히 정돈된 길에 어리둥절한 와중에도, 공원과 맞닿은 옹벽 위로는 1932년 '경기도립경성측후소'로 지어져 오랫동안 서울의 공식 날씨를 관측해 온 '기상청 옛터'가 기억 속 모습 그대로 자리 잡고 있습니다. 내부 출입이 허용되지 않던 과거와 달리 원형의 모습을 찾아 복원 공사를 마친 후 '국립기상박물관'으로 개방되었다는 것도 여러 변화 중 하나겠지요.

그때나 지금이나 새하얀 벽과 긴 아치형 창문으로 이루어져 단순하면서도 우아한 이 근대 건축물은 푸른 잔디가 덮인 송월동 언덕바지 풍경과 잘도 어울렸습니다. 개화 시기를 관측하기 위해 심은 갖가지 꽃나무들이 일제히 만개하면 관측소 옛 건물과 함께 봄날의 정경이 늘 아른거리던 곳이었지요. 그러나 새로 개관한 박물관 구경도 할 겸 계절 표준목인 왕벚나무의 꽃이 혹시 다 폈을까 싶어 다시 찾았을 땐 봄날은 너무 일러서, 연분홍 꽃망울만 잔뜩 매달려 있었습니다.

홍난파 가옥과
딜쿠샤

옹벽 앞에서 끝난 한양도성이 인왕산 자락에서 다시 시작되기까지 길은 새로 지은 아파트와 다세대주택이 혼재된 전형적인 주택가의 모습입니다. 인구가 폭발적으로 증가하던 일제강점기, 경성의 범위가 확장되면서 성벽을 허문 자리마다 빽빽하게 들어선 집들로 한양도성도 자취를 감추었습니다. 그 자리에 지어졌던 집들마저 사라진 지금, 송월동 언덕을 따라 길쭉하게 자리 잡은 월암근린공원의 끝자락에서 우리는 푸른 담쟁이덩굴로 뒤덮인 서양식 이층집 한 채를 만나게 됩니다.

이층집의 안내판에는 '근처 송월동에 독일 영사관이 있었기 때문에 이 일대에 독일인 주거지가 형성되었는데, 주변의 건물은 다 헐리고 이 집만 남아 있다'고 적혀 있지요. 1930년대 경성에서 선풍적으로 유행했던 서양식 개량 주택인 '문화주택'의 형식을 따라 신식 설비와 구조를 갖춘 이 집은 작곡가 홍난파[1898~1941]가 6년간 살면서 많은 곡을 작곡했고, 또 그가 말년을 보낸 집이라 해서 '홍난파 가옥'으로 불리고 있습니다.

홍난파 가옥을 처음 봤을 때 무엇보다 인상적이었던 건 이웃집들과 달리 인왕산 자락을 등지고 정남향으로 돌아앉은 앉음새였습니다. 집과 마당은 도로에 닿아 트여 있지만, 주변 집들과는 확연히 다른 방향 때문에 아늑한 위요감이 느껴졌지요. 차분히 내려앉은 적벽돌에 담쟁

홍파동 홍난파 가옥

이덩굴이 덮인 격자창, 박공지붕으로 이루어진 이 옛집은 홍난파의
생애에 관한 자료관 겸 작은 공연장으로 운영되면서 한양도성의 흔적
이 희미해지는 길 위에서 사람들의 발걸음을 잠시 멈춰 서게 합니다.

그사이 전선줄을 주렁주렁 매달아 정신 사납던 전봇대도 지중화되

서울 앨버트 테일러 가옥(딜쿠샤)

고, 막바지 공사도 끝난 동네는 구옥들이 안산 자락을 향해 구부정한 어깨를 맞대고 있던 예전의 모습과 너무도 달라져 있었습니다. 마당을 돌아 나오니 붉은 양기와 지붕 너머로 인왕산이 보이고, 그 위로 복원된 성곽 자락만이 유난히 희고 선명한 모습으로 놓여 있었습니다.

길은 인왕산을 향해 곧장 이어지고, 길 끝에는 400년 수령의 은행나무와 함께 '딜쿠샤'라는 낯선 이름의 낡은 집 한 채가 자리 잡고 있었습니다. 한양도성 안팎의 오래된 장소들 가운데서도 이곳은 저에게 비밀 장소처럼 남아 있던 곳이었습니다. 정체불명의 붉은 벽돌집, 그리고 거대한 은행나무 가지로 뒤덮인 막다른 골목의 분위기도 한몫했지만, 옛 벗들과 함께 행촌동, 사직동 일대를 온종일 쏘다니다가 어디로 가는지 모른 채 도착한 곳이 바로 '딜쿠샤'였던 기억 때문이었습니다.

일부러 때를 맞춘 것도 아니었는데 가을 하늘은 어쩌면 그렇게 파랗고 딜쿠샤 바로 옆 은행나무는 어쩌면 그렇게 샛노랗게 물들었던지 바닥 가득 떨어진 은행잎들이 파도에 쏠리는 노란 조개껍질처럼 이리저리 나뒹굴고 있었습니다. 그때를 떠올리면 아득하기만 한데 어느새 해는 뉘엿뉘엿 넘어가고, 귀신 집 같다면서 멀찌감치 물러선 아이들 너머 역광에 비친 딜쿠샤는 긴 시간 방치된 탓에 온기라곤 찾을 수 없었습니다.

'서울 앨버트 테일러 가옥'이라는 정식 이름을 지닌 딜쿠샤는 '1919년 3·1운동 당시 제암리 학살 사건을 전 세계로 타전한 AP통신사 특파원이었던 앨버트 테일러와 그의 아내가 1923년 거주를 위해 건립'한 집이었습니다.

1963년 국가 소유가 된 이후로 일부 거주민들에 의해 오랫동안 무단 점거 되면서 원형의 모습이 상당 부분 훼손되지만, 2005년 이곳이 테일러가의 딜쿠샤임이 밝혀지면서 길고 긴 복원과 회복의 과정에 들어서게 됩니다. 지금은 프랑스식 쌓기를 한 우아한 벽돌조 외관뿐 아니라, 테일러 부부가 거주할 당시의 내부 구조와 살림살이까지 완벽하게 갖춘 '딜쿠샤 전시관'으로 복원되어 관람객들의 방문이 연일 이어지고 있지요.

크기를 가늠할 수 없는 은행나무의 그림자는 여전히 골목을 다 뒤덮을 기세입니다. 딜쿠샤의 뜻이 페르시아어로 '기쁜 마음'이라 했지요. 그런 마음이 되어 노거수의 뒤를 돌아 나가면 짙게 그늘진 골목 끝에 파란 대문이 있습니다. 문을 밀고 들어서면 제멋대로 자란 덩굴과 잡목들이 가득한 화단 위로 한양도성의 낡은 성벽이 모습을 드러냅니다. 가지런히 놓인 화분들은 그곳이 누군가의 생활공간임을 말해주고 있었지요. 우리는 조용조용 그 앞을 지나갔습니다.

여기서 다음 순성이 시작되겠지만, 우리는 성벽을 따라 암문까지 걸어갔습니다. 지는 해가 아이들의 얼굴을 발그레하게 물들이고, 성벽 위로 긴 그림자를 만들어놓았습니다. 무심코 돌아본 자리에는 까마득히 먼 줄만 알았던 남산에서부터 우리가 걸어온 길들이 여러 개의 장면으로 겹쳐지고 있었습니다.

은행잎들이 제 색을 내려면 며칠은 더 걸릴 테지요. 암문 앞에서 다시 돌아가야 한다는 걸 눈치채고 찡찡거리는 아이들에게 하드 하나씩을 들려주고 갔던 길을 고대로 내려옵니다.

월암근린공원에서 끊긴 한양도성이 인왕산 자락에서 다시 시작되기까지 이 옛집들이 없었더라면 얼마나 헛헛했을까 생각하며, 우리는 사직터널에서부터 이어지는 경사로를 따라 독립문역으로 향했습니다. 내리막길이라 얼마나 수월했는지 몰라요.

한 명 이상의 어른이
필요하다

그날 돈의문터에서 인왕산 자락까지 걸었던 길들을 떠올려봅니다. 비록 옛 성문은 허물어지고, 언덕바지에는 복원된 성곽 자락만 겨우 남았지만, '새문'이라 불리던 흔적들과 박물관마을이 그곳을 찾는 우리에게 오래전 돈의문의 모습을 상기시켜 주고 있었습니다. 송월동 언덕길에서 보았던 옛집들도 그러한 장소들이 지워지지 않고 남았을 때, 우리가 상상했던 것보다 훨씬 더 다양한 방식으로 옛 도시의 기억을 경험할 수 있다는 사실을 일깨워주었습니다.

어찌 보면 아이들과 하는 답사에서도 그랬습니다. 훌륭한 역사유적에 대한 지식을 쌓고 배우고 익히는 것보다, 함께 걷지 않았다면 결코 해볼 수 없었을 크고 작은 경험들을 아이들과 했다는 사실이 저에게는 중요했습니다. 물론 그런 경험 중에는 "엄만 왜 엄마 가고 싶은 데만 가?" 하며 따져 묻는 아이에게 딱히 대답할 말이 없었던 것도 있었습니다.

안 되겠다 싶어 아이들을 학교에 보내놓고 혼자 다녀온 적도 몇 번 있었지요. 그럴싸한 사진들을 실컷 찍고 반나절 만에 집으로 돌아왔지만, 왠지 허전했습니다. 아이들의 뒤통수가 보이지 않았기 때문이었어요.

그러다 문득 생각이 들었습니다. 심드렁한 표정으로 앞서 걷던 아이들이 사실은 나를 도와주고 있었구나. 어쩌면 저는 한양도성을 걸으며 그런 경험을 하고 있었던 것이었습니다. 아이들은 긴 시간 그 많은 길들을 저와 함께 걸어주었습니다. 비록 보았던 것들은 다 잊어버리더라도, 아이들에게도 이 여정이 오직 엄마와 함께 걸었던 경험만으로 남아주기를….

그렇게 온종일 걷다가 발바닥이 뜨끔거리고 몸이 녹초가 된 채로 지하철에 올라타 마침 운 좋게 빈자리가 나서 털썩 주저앉는 순간, 아이들 정수리에서 뿌옇고 텁텁한 먼지 냄새가 올라왔습니다.

"오늘 답사 어땠어?"
"재밌었어!"
"엄마도 재밌었어."

아이들은 딱히 할 말이 없을 때 재밌었다고 하지요. 저도 뭐가 재밌었는지 굳이 말하지 않습니다. 저도 할 말 없을 때 해요. 재밌었다고…. 그러고는 꾸벅꾸벅 졸다 깨서는 마음 한구석에 언제나 경구처럼 새겨둔 문장 하나를 떠올립니다.

> 만일 한 어린이가 착한 요정의 도움 없이도 자연에 대한 타고난 경
> 이의 감정을 지킬 수 있으려면, 그러한 감정을 함께 나눌 한 명 이상
> 의 어른이 필요하다.
>
> — 레이첼 카슨, 『센스 오브 원더』, 64쪽

저는 이 말이 꼭 자연에 국한된 거라 생각하지 않습니다. 한 명의 어른이 반드시 '엄마'여야 한다고 생각해 본 적도 없습니다. 어쩌면 아이와의 진짜 여행법은 대단했던 경이의 감정까지는 아니더라도 그 순간을 함께 나눌 한 명의 어른이 바로 '나'라는 사실을 잊지 않는 것인지도 모르겠습니다. 오늘 저는 그런 어른이었는지를 생각해 봅니다. 그랬던 것 같기도 하고, 아니었던 것 같기도 합니다.

08 나의 인왕산 유람기

인왕산 아래에서 자하문고개까지 ————

홍지문

자하문고개(창의문)

시인의
언덕

탕춘대성

기차바위

인왕산

인왕산
정상

수성동계곡

범바위

인왕천약수

인왕곡성

선바위

국사당

암문

광화문아트홀

딜쿠샤

마을버스 타는
즐거움

눈부시게 파란 가을 하늘입니다. 일 년에 며칠이나 미세먼지 없이 살 수 있을까 걱정하는 세상입니다. 동네 앞산조차 보이지 않을 만큼 희뿌연 대기가 내려앉으면 맑은 하늘을 보고 산다는 것이 얼마나 큰 축복이 되었는지, 새삼 느끼게 됩니다.

순성을 하며 무엇보다 주말 날씨를 신경 쓰게 되었습니다. 이날도 이보다 좋은 날씨는 없을 거라고 호들갑을 떨며 아이들에게 "오늘은 답사 말고, 등산 어때?" 물으니, 아이들이 어쩐 일로 좋답니다. 그나저나 너희들 등산이 뭔지는 알지? 그래, 얘들아! 이렇게 좋은 날엔 만사 제쳐두고 산에 가야지. 인왕산으로 가자!

인왕산 정상으로 가는 길은 여러 갈래지만, 지난번 다녀온 딜쿠샤 근처 편의점 앞에서 시작하면 될 것입니다. 5호선 서대문역까지 편히 앉아서 왔는데, 3번 출구로 나오니 마침 출발 직전의 종로05번 마을버스가 우리를 기다리고 있습니다. 하늘은 더할 나위 없이 맑고, 발걸음도 가볍고, 마을버스 운까지 좋은 날입니다. 아이들이 뒤쪽에 한 칸씩 자리를 잡고, 저도 빈자리에 앉아 마을버스 창밖으로 시선을 옮겨 봅니다.

십 년이면 강산이 변한다는 말도 옛말이어서, 그간 몰라보게 바뀐 풍경을 내다보니 옛 벗들과 함께 사직동, 행촌동 동네 곳곳을 쏘다녔던 기억들이 문득문득 떠오릅니다. 마을버스는 독립문 고가도로 밑을 지나 무악동 골목으로 들어섭니다. 무악동과 행촌동을 가로지르는 골목길에는 철물점, 보일러집, 이발소, 열쇠집 같은 동네 가게들이 즐비하지요. 바짝 마른 햇살이 구석구석 쏟아지고, 그 햇살이 아까워 옥상이며 길가며 담벼락 아래 자투리 공간마다 내놓은 크고 작은 화분에는 익숙한 화초와 채소들이 쑥쑥 자라고 있습니다.

마을버스가 다세대 주택들로 빽빽한 골목길을 크게 돌며 빠져나오는가 싶더니 그새 한양도성이 모습을 드러냅니다. 도보와 대중교통만으로 한양도성 안팎의 이곳저곳을 돌아다니며 우리는 마을버스 타는 즐거움을 알게 되었습니다. 마을버스가 작을수록 더 신이 났지요. 둥지처럼 아늑한 좌석에 자리 잡고 앉으면 말로는 표현 못 할 편안함이 몰려왔습니다. 초콜릿을 까먹으며 그대로 덜컹거리는 마을버스에 몸을 맡기면, 버스는 좁디좁은 골목길을 내달려 가려던 곳의 가장 가까운 데까지 우리를 데려다주었습니다.

한양도성 옆길을 미끄러지듯 내달리던 마을버스는 그날도 편의점 바로 옆 마을버스 정류장에 우리를 내려놓았습니다. 여장 위로 샛노랗게 물든 은행나무들이 이곳이 행촌杏村임을 알려줍니다. 길을 내느라 끊긴 한양도성 너머, 몇 주 전 다녀간 딜쿠샤에도 가을이 무르익었을 것입니다. 물과 행동식으로 쓸 간식 몇 개를 사서 가방에 챙겨 넣었습니다. 자, 올라가볼까! 여기서부터 인왕산입니다.

울타리에
둘러싸인 도시

편의점 앞에서 시작되는 인왕산 성곽길은 여느 성곽길처럼 숲이 우거진 오르막길 사이로 드문드문 운동기구가 놓인 산책로입니다. 그 길을 따라 쭉 올라가면 녹색 철문이 달린 암문이 보이고, 암문 밖으로 이어지는 한양도성 바깥길은 마을버스가 다니던 포장도로 대신 수풀 우거진 오솔길로 바뀌지요.

사람들이 주로 안쪽으로만 다니는지 인적은 없고, 잡목 사이로 들이친 가을 햇살만이 근사한 나무 그림자를 새겨놓습니다. 우리는 무척이나 즐거운 마음이 되어 숲길을 걸어갔어요. 얼마 후 길이 우측으로 구부러지며 시야가 트이자 인왕산 자락을 타고 넘어가려는 천년 묵은 이무기를 닮은 한양도성의 눈부신 몸체가 드러납니다.

제 기억이 맞다면, 이 주변은 잡목들이 무성한 성벽 아래 구옥들이 듬성듬성 자리를 잡고, 비탈면에는 고랑을 낸 채소밭들이 여기저기

흩어져 있던 곳이었습니다. 인왕구간의 한양도성이 복원되면서 낡은
집들은 철거되고, 흩어져 있던 채소밭들은 숲으로 거듭난 듯했습니
다. 성곽의 바깥길이 끝나고 데크로 올라서는데, 출사를 나온 듯한 사
진 동호회 사람들의 셔터 소리가 위쪽에서 끊이지 않고 들려옵니다.

도대체 무엇을 찍고 있을까 궁금한 마음에 올라가 보니, 감탄사가
터져 나올 만큼 근사한 도심 풍경이 한양도성 너머로 펼쳐지고 있습
니다. 왼쪽 끝 낙산에서 오른쪽 끝으로 이어지는 남산, 또 거기서부터
우리가 있는 인왕산 자락까지…. 생각지도 못했던 풍경에 놀라 저도
얼른 카메라를 꺼내 들었습니다. 동호회 분들은 미동도 없이 찰칵찰칵
카메라를 잘도 다루는데, 저는 몸의 방향을 돌려가며 학부 시절 배웠

던 노하우로 파노라마 사진을 찍었습니다. 그리고 그 순간 저도 모르게 중얼거리고 말았습니다.

"맞네, 울타리…." 여기 서보니 그제야 이 도시가 한양도성이라는 품격 높은 울타리에 둘러싸인 오래된 도시라는 사실이 빼도 박도 못할 물증이 되어 전해집니다.

도로에 의해 잠시 끊긴 한양도성은 본격적인 인왕산 등산로와 함께 다시 시작됩니다. 다산동에서 올랐던 계단만 하겠느냐마는, 만만치 않게 놓인 오르막 계단 아래서 아이들 준비운동 시킨답시고 대충대충 발목 돌리기를 하는데, 이게 얼마 만의 인왕산 등산인지 감개가 다 무량하네요.

인왕산 자락에서 본 한양도성

세 번의 등산,
나의 인왕산 유람기

인왕산을 처음 오른 것은 2004년 7월 한여름, 지인과 함께 북한산 등산을 다녀오던 길이었습니다. 출발 전부터 비가 오락가락했지만, 승가사쯤에서 잦아드는가 싶더니 사모바위에 이르자 장대비가 되어 쏟아지기 시작했고, 천둥 번개가 하늘을 쪼갤 기세로 쩍쩍 내리치고 있었습니다. 놀라서 하산을 서두르는데, 그 와중에도 갔던 데로는 다시 안 간다며 구기계곡 쪽으로 방향을 잡았습니다. 금세 비가 쏟아지며 계곡은 여름 산의 진면목을 제대로 보여주었지요.

쫄딱 젖은 채 산에서 내려왔을 땐 비가 잦아들었고, 하도 어이가 없어 인근 식당에서 배를 채우고 종로 가는 버스에 올랐습니다. 버스가 막 부암동에 접어들자 활짝 갠 하늘은 만화영화에 나올 법한 색감으로 뭉게구름을 만들어내고 있었지요.

우리는 뭐에 홀린 것처럼 황급히 부암동주민센터에서 내려 주택가 뒤쪽의 샛길을 따라 무작정 인왕산으로 올라갔습니다. 우여곡절 끝에 찾아갔던 기차바위는 아래가 뵈지도 않는 까마득한 암릉이었고, 인왕산 정상에서 내려다본 서울은 HDTV의 화면보다 더 선명해서 네 개의 산으로 둘러싸였다는 옛 서울의 원형을 막힌 데 없이 보여주었습니다.

두 번째로 인왕산에 올랐던 것은 이듬해 2005년 10월 옛 벗들과 함께한 날이었습니다. 쨍한 가을볕에 얼굴이 타는지도 모르고 온종일 행촌동 주변을 쏘다니던 우리는 인왕산으로 걸음을 옮겼습니다. 그땐 백악산 쪽으로 카메라 방향을 틀기만 해도 곳곳에 자리를 지키고 선 군인들이 낮은 소리로 "그쪽은 사진 찍으시면 안 됩니다!" 하고 외치 곤 했었지요.

늦은 오후라 정상까지 가지 못하고 옥인동으로 내려오는 길에 이미 날은 저물고 우리는 또 통인시장 떡볶이집에서 섭섭지 않은 뒤풀이까 지 다 마치고 나서야 집으로 돌아갈 수 있었습니다.

그러니까 하루도 안 틀린 꼭 12년 만에 저는 아이들과 함께 그 길 을 다시 걷고 있습니다. 당시에는 한양도성의 여장이 멸실되어 있어 우리가 걷던 길이 성곽길인 줄도 몰랐는데, 어느새 여장은 복원되고, 곳곳이 허물어졌던 성벽도 그사이 말끔하게 정비를 마쳤습니다. 사실 너무 말끔하긴 했지만요. 고작 몇 발짝 올라왔다고 배가 고프다며 성 화인 아이들과 적당한 곳에 걸터앉아 간식을 주섬주섬 꺼내 먹는 사 이, 화사하게 차려입은 한 무리의 등산객들이 곁을 지나갑니다.

백색의 성곽 따라
오르락내리락

인왕곡성과 맞닿은 범바위에서 돌아보니, 저 밑에서 보았던 천년

인왕산 범바위 가는 길

묵은 이무기가 마침내 백룡으로 현신하기 직전 용틀임하는 모양새입니다. 더구나 복원된 한양도성은 울창한 나무들과도 얼마간 간격을 두고 있어 백색의 성곽 라인이 유난히 도드라져 보입니다.

「유서산기遊西山記」를 쓴 김상헌1570~1652도 아마 저런 풍경을 보았던 것이겠지요. 그는 눈병이 생긴 어머니를 위해 큰형과 조카들과 함께 신통한 효험이 있다는 샘물을 구하러 생애 처음 서산西山(인왕산의 옛 이름)에 올라본 경치를 다음과 같이 전하고 있습니다.

> 앞쪽으로는 목멱산木覓山이 보이는데 마치 어린아이를 어루만지는 듯하였다. 남쪽으로는 성이 산허리를 감고 구불구불 이어진 것이 마치 용이 누워 있는 것 같았다.
>
> (⋯)
>
> 경복궁의 동산은 텅 비었고 성은 허물어지고 나무는 부러졌으며 용루龍樓와 봉각鳳閣은 무성한 잡초로 뒤덮여 있었다. 그런 가운데 단지 경회루 연못에 있는 연잎이 바람에 뒤집히면서 저녁 햇살에 번쩍이는 것만 보였다.
>
> (⋯)
>
> 동궐東闕이 쌍으로 우뚝 솟아 있고 화려한 집들이 늘어서 있으며, 금원禁苑의 숲에는 소나무와 잣나무가 빽빽한 가운데, 호분虎賁과 용양龍驤은 궁궐을 깨끗이 청소하고 임금의 행차를 기다리고 있었다.
>
> (⋯)

흥인문興仁門의 빼어난 모습이 동쪽을 향하여 우뚝 서 있고 종로鍾路의 큰길이 한 줄기로 뻥 뚫려 있었다. 길 좌우에 늘어선 상점은 많은 별이 별자리에 따라 나뉘어 있는 것처럼 반듯반듯하게 차례대로 늘어서 있었다.

— 김상헌, 「유서산기」, 「청음집」 제38권

범바위쯤 오르면 그때부터 시야가 트이고, 기기묘묘한 암릉 사이로 그가 보았던 풍경들이 생생하게 전달됩니다. 경복궁에는 무성한 잡초와 무너진 목책 대신 복원된 전각들이 촘촘히 들어섰습니다. 동궐의 전각도, 흥인문도, 종로 큰길도 빌딩들에 가려져 있지만, 보이지 않는다 해서 없는 것은 아니겠지요.

금원의 소나무와 잣나무는 여전히 울울창창하고, 근정전과 인정전의 합각은 이렇게 멀리서 보는데도 붉고 선명합니다. 광화문 아래쪽으로는 온갖 빌딩들이 앞다투어 들어서 있지만, 남산 꼭대기에서는 보이지 않던 경복궁과 창덕궁을 비롯하여 그 사이에 자리 잡은 옛 동네들이 서로 어우러지며 역사 도심의 분위기를 한껏 자아내고 있습니다.

인왕산에 놓인 한양도성은 높다란 바위 봉우리를 따라 크게 솟구쳤다가 아래로 급히 굽어지며 아기자기하면서 아슬아슬한 등산길의 묘미를 전해줍니다. 자연 지형에 거스름 없이 유려하게, 때론 과감히 얹힌 한양도성은 그 아름다움이야 이루 말할 것도 없고, 산 능선을 따라 멀찌감치 물러서서 내려다보는 전망은 다시 떠올려봐도 대단한 경험이었고, 눈 호강이었습니다.

그것은 우리가 광화문 앞에서, 또는 인사동과 같은 오래된 장소에서 느끼는 역사적 체험과는 사뭇 다른 것이었습니다. 조선의 도읍 '한양'으로부터 비롯된 '역사 도시'라는 명칭이 거대하고 복잡한 서울을 설명하는 하나의 수식어에 지나지 않을지 몰라도, 멀리서 보면 켜켜이 쌓여온 시간과 공간의 자취들이 어떤 방식으로 현대의 도시 공간과 관계 맺고 있는지, 얼마나 견고한 밑바탕이 되어 한 도시를 떠받치고 있는지 알게 될 것입니다.

부쩍 짧아진 오후의 해가 인왕산 정상의 치마바위 아래로 널따란 그림자를 드리우고 있습니다. 숟가락으로 움푹움푹 떠낸 모양의 바위에 올라 만세 포즈를 취해봅니다. 바로 전 똑같은 자세로 사진을 찍던 한 청년이 기꺼이 우리 셋을 찍어주었습니다.

거기선 다들 그렇게 사진을 찍었어요. 해가 기울어가니 선선한 가을바람이 시큰한 발목을 휘감으며 지나갑니다. 정상에서 보았던 몇몇 사람들은 벌써 내려갔는지 보이지 않고, 우리도 청운동 방향으로 걸음을 옮겼습니다.

자하문고개 가는 길

산 그림자는
턱밑까지 차오르고

산 위로 벌써 그림자가 들기 시작해 우리의 걸음을 앞지르고 있습니다. 오가는 사람은 없고, 단풍으로 반쯤 물든 산도 그리 눈에 띄지 않는 황록색입니다. 잠시 갈림길에 서서 보니 울퉁불퉁한 기차바위 능선의 암릉길이 지루할 틈도 없이 이어집니다. 그 너머로는 북한산 주 능선의 황홀한 라인이, 바로 앞으로는 백악의 산자락이 그림같이 펼쳐져 있습니다. 그야말로 산들의 연속이지요. 그 아래 비탈면마다 빼곡하게 들어선 건물들이 저마다 한 동네를 이루며 자리 잡고 있습니다.

갈림길에서 청운동으로 이어지는 성곽길은 까마득한 내리막입니다. 덕분에 각양각색의 암릉을 지대석 삼아 위태위태하게 뻗어 내려가는 한양도성의 성곽을 볼 수 있지요. 백악 정상에서 아이들에게 조심하라고 당부하며 내려오던 중 마주 보았던 인왕의 성곽길을 지금 걷고 있다는 사실이 신기할 뿐입니다.

네 개의 산을 따라 이어지면서 마치 서로가 서로에게 이정표가 되어주는 듯한 한양도성의 길은 우리에게 걸어왔던 길, 또 가야 할 길을 자분자분 일러주고 있는 것 같았습니다.

성곽 너머 불어오는 늦은 오후의 바람이 제법 차갑습니다. 가지고 있던 머플러를 아이들 목에 둘둘 매어주고는 걸음을 서둘렀지요. 성곽길을 따라 금방이면 내려갈 줄 알았던 창의문은 아직입니다. 한두 마디 오고 가는 말조차 없이 앞만 보며 내려가던 길, 성곽이 크게 구부러지면서 우리가 가야 할 길이 저만치 내려다보였습니다.

성곽의 끝자락조차 보이지 않았지만, 저기 어디쯤 창의문이 있을 거였습니다. 좀 더 가야겠구나 싶어 아이들을 독려하는데 아니나 다를까, 왜 들리지 않나 싶던 그 말이 바람결에 들려옵니다. 산에 오면 다들 약속한 것처럼 한마디씩 하게 되고 듣게 되는 말…. '아직 멀었냐'는 그 말.

돌이켜보면 지나온 길들은 순간이지만, 앞에 놓인 길들은 늘 멀게만 느껴졌습니다. 넘어온 산봉우리만 벌써 몇 개째인데, 숨이 턱턱 막히도록 앞을 가로막은 산들이 줄줄이 이어지면, 아직 멀었냐는 앓는 소리가 절로 내뱉어졌습니다. 그럴 때면 몇 발짝 앞서 묵묵히 걷고만 있던 산악회 형님들이 슬쩍 뒤돌아보며 토씨 하나 안 틀리게 말씀하셨어요.

"보이긴 저래도 가보면 금방이여!"

멀리서 보면 가야 할 길이 참 잘도 보였습니다. 그러면 산들은 유려하게 이어지는 능선을 따라 울창한 나무 사이로, 백색의 바위 너머로, 친절한 안내자가 되어 우리를 이끌어주었습니다. 한양도성의 백색 성곽은 그쪽이 아니라 이쪽이라며 등산화도 없이 찾아온 우리에게 기꺼이 손짓해 주었습니다.

아이들도 답사보단 등산 체질인지, 오늘따라 해사한 얼굴을 방긋방긋 내밀며 사진 속 모델이 되어줍니다. 우리는 우리의 인생 샷을 결코 포기할 수 없으니까요. 성곽은 미끄러지듯 이어지고 아이들은 백악을 배경으로 인생 샷 하나를 건졌습니다. 오늘은 어쩐지 시작부터 운이 좋더라니…. 그새 서쪽으로 기운 해를 따라 산 그림자가 백악의 턱밑까지 차오릅니다.

09 자화상과 마주해야 할 시간

자하문고개와 윤동주문학관 ────────────────

청운수도가압장이
윤동주문학관으로

경복궁역 3번 출구로 나와 올라탄 7022번 버스가 서촌 한복판을 가로질러 조금씩 고갯마루를 향해 올라가고 있습니다. 타고 내리던 이들도 뜸해지고 웅성거리던 이들도 하던 말들을 멈추고 나자, 버스는 금세 한양도성의 오래된 성문 하나가 온전히 남아서 짙푸른 수풀 속에 가려져 있는 자하문고개에 우리를 내려놓고 가버립니다.

이른 가을의 문턱에서 고갯마루로 불어오는 건들바람이 뒤통수를 간질입니다. 여기는 사시사철 서늘한 산 기운으로 둘러싸인 이름도 어여쁜 자하문고개. 인왕산의 한쪽 끝과 백악산의 한쪽 끝이 만나 그림 같은 고개가 되어 이어지고, 어둑한 산 그림자와 짝 맞춘 선선한 바람이 움푹 파인 고갯마루를 에둘러 지나가는 곳이지요.

징글맞게 무더웠던 한여름은 물러갔지만 산은 여전히 요란스럽게 푸르고, 건너편 윤동주문학관 앞의 은행나무 가로수도 아직은 푸른 빛 그대로입니다. 등산복 차림의 사람들이 분주하게 걸어가고, 그들

시인의 언덕

뒤로 내려다보이는 근사한 도심 풍경도 이곳이 높다란 고갯마루임을
알려줍니다.

청운동 일대에 위치한 주택들에까지 수돗물을 퍼 올리기 위해 지
어진 청운수도가압장이 '윤동주문학관'으로 탈바꿈되고, 그 뒤편으로

한양도성의 성곽이 지나가는 언덕바지에 그의 시비詩碑를 세워 '시인의 언덕'이라 부르게 된 것이 2012년 여름의 일이었습니다. 그땐 저도 서울에 살고 있었기 때문에 건축 저널리스트 구본준[1969~2014]의 기사를 너무도 재밌게, 감동적으로 읽고서는 부랴부랴 이곳을 찾아왔던 때가 이듬해 봄이었지요.

시인 윤동주[1917~1945]는 연희전문대학(현 연세대학교) 문과에 다니던 1941년, 후배와 함께 누상동 근처에서 잠시 하숙을 하며 이곳 인왕산 자락에 자주 올랐다고 전해집니다. 지금도 수성동계곡으로 올라가는 길목에는 그의 하숙집터임을 알리는 동판이 걸려 있지요. 그 시기를 전후로 해서 그는 「자화상」, 「무서운 시간」, 「서시」, 「별 헤는 밤」과 같은 대한민국 사람이라면 모를 수 없는 주옥같은 시들을 썼습니다.

그가 이 언덕 어디쯤에서 별을 헤아렸는지 모를 일이지만, 밤하늘에 별이 가득했던 날, 그 시구들을 떠올렸을 테지요. 그런 이유로 여기 자하문 고갯마루에 쓰임을 다하고 방치되어 있던 청운수도가압장이 윤동주문학관으로 개관될 수 있었던 것입니다.

'열린 우물'과
'닫힌 우물'

그런데 문학관이 건축되는 과정에서 흥미진진한 이야기가 전해집

니다. 설계를 마친 건축가가 착공을 코앞에 두고 현장에 갔다가 벽 뒤
빈 공간을 발견하면서 시작되는 이 이야기에는 뭐랄까, 우연일지 운
명일지 한 젊은 시인의 불행했던 삶의 궤적을 떠올리게 하는 동시에,
그의 시를 이해하는 방식으로서 어떤 공간이 가질 수 있는 상징성이
고스란히 담겨 있었습니다. 그것은 이마를 스치는 바람처럼 설레는
것이면서, 동시에 바닥이 보이지 않을 만큼 침잠하는 어두운 느낌으
로 다가왔습니다.

그해 봄날, 꼬꼬마였던 아이들이 근처 팔각정에서 꼬깔콘을 다 먹
자마자 부리나케 문학관으로 달려갔습니다. 문화해설사 선생님의 설
명을 들으며 우르르 줄지어 가던 사람들 중 누구 하나 떠드는 이가 없
었습니다.

쳐다보면 하늘은 부끄럽게도 푸르렀다는데, 그런 하늘은 보이지 않
고, 언제나 조곤조곤 나직하게 말할 것 같은 얼굴을 우물 위로 쓱 내
민 시인이 「하늘과 바람과 별과 시」를 들려줄 것만 같았습니다. 하물
며 이곳이 수도가압장의 감춰진 물탱크였다니요.

공사 현장을 찾아간 건축가의 눈에 벽 하나가 보였다. 건물 뒤쪽에
있던 벽인데 그날따라 그 벽에 눈길이 갔다. 일반적으로 축대 옹벽
이면 위에서 내려 스며든 물이 빠지는 배수구가 있어야 했다. 그런
데 시멘트벽에는 그런 배수 시설이 전혀 없었다. 궁금해진 건축가
는 그 벽의 정체를 알아봤다. 그리고 안전을 위해서라도 구조진단

을 요청했다. 여기저기 알아본 결과 벽의 정체가 드러났다. 바로 '물탱크'였다. 일반적으로 가압장이면 당연히 물탱크가 있을 것 같지만 물탱크 시설이 멀리 떨어진 곳들도 많아 그 존재를 아무도 몰랐던 것이다. 물탱크는 아주 크지는 않았지만 묘했다. 게다가 2개였다. 똑같은 물탱크 2개가 샴쌍둥이처럼 나란히 붙어 언덕 속에 숨어 있었던 것이다.

— 구본준, 〈서울의 보물이 된 물탱크, 무슨 사연이길래〉, 한겨레 블로그

그렇게 발견된 두 개의 물탱크로 인해 설계를 원점으로 되돌린 건축가는 윤동주의 시 「자화상」을 모티브로 '열린 우물'과 '닫힌 우물'을 만들어냈습니다. 문학관은 시인에 대한 소개와 친필 원고 등 유품이 전시된 시인채와 두 개의 우물로 구성되어 있지요. '열린 우물'은 '닫힌 우물'로 가기 위한 통로였고, 실제 물탱크이자 그의 시 「자화상」에 나온 우물을 재해석하여 조성한 공간이었습니다.

'열린 우물'로 들어가는 문을 열었습니다. 오랫동안 차가운 물이 담겨 있었을 그곳으로부터 축축한 냉기가 전해집니다. 마침 텅 비어 있던 이상한 공간이 무서운지 아들 녀석이 성큼 나아가지 못합니다. 괜찮아, 원래 안으로 들어가는 게 밖으로 나가는 것보다 훨씬 더 겁나는 일이야. 몇 번이나 주춤거리는 아이에게 괜찮다고 말해 주니 그제야 조금씩 걸어가기 시작합니다.

오랫동안 담겨 있었을 물은 육중한 콘크리트 벽에 어떤 흔적을 남

윤동주문학관 내 열린 우물

겨놓았습니다. 물이 이만큼 차올랐다가 줄어들기를 얼마나 반복했을까. 마치 마크 로스코[1903~1970]의 색면 추상처럼 깊숙한 내면의 감정을 건드리는 빈 벽이 그대로 드러나 있었습니다. 그러나 그것은 '빈' 것이 아니라, 정확히는 '담겼다가 빈' 것이었습니다.

얼룩진 벽면, 녹슨 자국, 물이 차올랐던 경계, 다시 흘러내렸던 모양, 사다리를 떼어낸 자리의 검은 구멍들까지…. 우리 안에 어떤 오브제가 있다면 아마도 저런 형상일 것만 같았습니다. 아래로 내려갈수록 차고 어두워지는 '열린 우물'은 그렇게 내면의 빛들이 가득 찬 공간이 되어 밖을 향해 열려 있던 것이었지요.

'열린 우물'을 지나 문을 열면 '닫힌 우물'입니다. 앉은 자리에서 냉랭한 습기가 스며들었습니다. 사다리를 걸기 위해 뚫어놓은 네모난 구멍 틈에서 비현실적으로 쏟아지는 빛에 익숙해지려는 찰나, 윤동주 시인의 시와 짧은 생애가 담긴 영상이 물탱크의 빈 벽면을 비추었습니다.

거기서 본 시인은 너무도 젊고, 너무도 맑아서 보는 사람들의 마음을 죄다 먹먹하게 만들어놓고야 말았습니다. 다들 그런 마음이 되어 나오니 '열린 우물' 밖으로 하늘은 더욱 파랗고, 차마 들어오지 못한 바람만이 우물 밖으로 설설 지나가고 있었습니다.

물들어가는 가을,
길은 자하문고개로 이어지고

문학관 뒤로 난 오솔길을 따라 올라가면 볕 잘 드는 언덕바지에 준수한 소나무 한 그루가 제집처럼 넓은 그늘을 드리우고 있습니다. 인왕산 자락을 타고 구불구불 이어져 온 한양도성의 성곽은 도로에 잠시 끊겼다가 이곳 시인의 언덕을 지나 자하문고개로 이어지지요.

사방을 둘러봅니다. 한양도성 밖으로는 북한산 능선을 병풍 삼은 동네들이 골목마다 들어섰고, 안으로는 시인의 서체로 새겨진 시비 너머 도심의 익숙한 스카이라인이 펼쳐지고 있습니다. 백악산에서도, 인왕산에서도, 또 남산에서도, 낙산에서도 이미 몇 번씩 보았던 것들이라 더는 짜내서 쓸 말도 없는데, 문득 그렇게 탄성을 내지르며 호들갑 떨며 감탄했던 수많은 풍경이 여기, 시인의 언덕에서 본 것만 못하다는 생각이 들었습니다.

아주 높지 않은 데서 높은 곳을, 아주 낮지 않은 데서 낮은 곳을, 안과 밖이 이렇게 한데 보이는 곳에 서 있으니, 높고 낮음의 차이도, 안과 밖의 다름도, 여기서부터 저기까지의 거리도 상관없이 지금 여기, 초가을 바람이 설렁설렁 불어오고, 잘 마른 가을 햇살이 한정 없이 들이치던 이곳이 제일 좋았던 것이었습니다.

우물 속에는 달이 밝고 구름이 흐르고 하늘이 펼치고 파아란 바람이 불고 가을이 있고 추억처럼 사나이가 있습니다.

— 윤동주, 「자화상」 중에서

시인은 스물셋의 나이에 「자화상」을 썼습니다. 그것이 그의 생애를 아는 우리가 마음 깊이 아파하는 까닭이고, 지금의 내가 한번은 그의 심정이 되어 헤아려야 할 까닭이겠지요. 나의 스물셋의 시간은 있었던 줄도 모르고 지나가버렸지만, 지금이라도 모른 척 덮어두었던 나를 바로 응시하고, 껍데기를 벗겨낸 맨 얼굴의 나를, 그렇게 그려진 나의 자화상을 덤덤히 바라보고 싶다고 생각합니다.

언젠간 해 저무는 저녁나절쯤 이곳을 찾고 싶습니다. 시인은 아무래도 가을을 많이 타는 청년이었던 것 같아요. 그의 시 곳곳에서 읽게 되는 가을의 날들처럼 달이 밝고, 파아란 바람이 부는 가을 저녁이면 더욱 좋겠습니다. 무엇보다 여기 서서 밤하늘의 별을 바라보고 싶습니다. 석양이 내리고 어둠이 깔리면 도심의 휘황찬란한 불빛과 자욱한 미세먼지에 저 별은 다 가려질 테지만….

그럼에도 불구하고 여기 시인의 언덕에 올라 너무 일찍 교과서로 배운 탓에 오랫동안 잊고 있던 그의 시를 떠올리면, 하늘을 우러러 일도, 피차 괴로울 일도 없을 우리에게도 어느새 한 점 부끄럼 없기를 노래한 시인의 음성이 별 하나, 별 둘, 별 셋이 되어 나직한 노랫말처럼 들려올 것입니다.

길은 자하문고개를 넘고 창의문을 지나 다시 백악의 산줄기를 타고

창의문 가는 길

이어집니다. 낡은 성문이 있고, 시인의 가슴 저리는 이야기가 있고, 자문 밖이라 불리는 정겨운 마을들이 있지요. 언제든 지하철 타고, 버스 타고, 모르는 사람들과 한데 섞여 자하문고개에 내리면 움푹 파인 이 고갯마루에 오늘 분 바람이 또 불어올 거예요. 그러면 우리는 노랫소리 낮게 흥얼거리며 오래된 성문 너머로 우리가 갈 길을 계속 걸어갈 것입니다.

10 다시 시작되는 여정

와룡공원에서 창의문까지 ─────────────────────

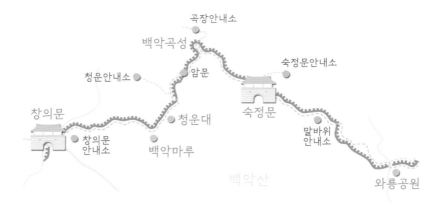

산과 마주하며
걷는 일

사방이 산으로 둘러싸인 고장에서 유년과 청년 시절을 보낸 저는 어릴 때부터 산이 좋았습니다. 그리 높지 않은 산들이었지만, 첩첩이 둘러싸여 그것을 보는 일도, 오르는 일도 언제나 기꺼운 마음이었지요. 순성을 하면서 무엇보다 좋았던 건 도시를 아늑하게 에워싼 산과 마주하며 걷는 일이었습니다.

미세먼지가 물러간 청명한 날을 아껴 그런 날이면 산에 올랐습니다. 한양도성이 지나는 네 개의 산은 초등학생 걸음으로도 각각 반나절이면 족할 낮은 산들이었지만, 그것이 이어져 있어서 그런지 올라서 본 풍경은 그렇게 장쾌할 수 없었습니다.

비록 도심 쪽 시야는 지형과 보안상 이유로 자주 막혀 있어도 반대쪽으로는 북한산의 주 능선을 통째로 마주하며 걷게 되지요. 거기서 바라보는 풍경들은 또 어찌나 근사한지, 산 다니던 시절의 그리움으로 돌아본 자리마다 마음 울렁울렁해지는 기억들이 저 능선, 저 봉우

말바위안내소 가는 길

리 어디쯤에 그대로 남아 있을 것만 같았습니다.

저에게 순성이란 산을 걷는 일이었습니다. 그래서 거기서 본 산과 그 너머의 산, 이어지는 성곽 자락과 그들이 에워싼 도시, 앞뒤로 걷던 모르는 사람들까지도 오로지 눈이 부시도록 푸른 하늘 아래, 조금 높기도 하고 조금 낮기도 했던 산의 형태로 기억 속에 남게 되었습니다.

한양도성의 백악구간은 아이들과 열 번째 답사로 간 곳이었습니다. 단풍은 아직 멀었지만, 어차피 울긋불긋 물 드는 산은 아니었지요. 울창한 수목들은 초록빛에서 초록빛을 띤 노란색으로 미세하게 변해가고, 하늘은 맨눈으로 보기 힘들 만큼 푸르렀습니다. 암문 밖에 둘러쳐진 철조망이 무섭다면서 찡찡거리던 아들을 달래줄 생각은 하지도 못한 채, 청운대로 향하는 오르막길을 터덜터덜 걸어가는 아이들의 뒷모습을 보며 이제는 가던 길을 멈출 수 없겠다고 생각했습니다.

그 길을 걸어 전망대에 올랐을 때 우리는 웃었고, 마주 오는 사람들과 눈을 맞추며 부끄러운 줄도 모르고 소리를 내질렀습니다. 너희들과 나는 왜 여기 있는 걸까. 변변한 이유도 없이 그곳엔 산이 있었고, 능선을 따라 유려하게 놓인 성곽 너머에는 결코 다가갈 수 없을 듯한 보현봉 봉우리가 견고한 자세로 우리를 굽어보고 있었습니다.

해가 바뀌고 11월도 벌써 중순을 넘어가고 있습니다. 침엽수들이 여전히 푸릇한 기운을 내뿜고 있지만, 우리가 보았던 한여름의 푸릇함은 아닌 거지요. 적갈색으로 물든 관목 덤불들이 이제는 가을도 끝물임을 말해 줍니다. 종로02번 마을버스는 북촌을 가로질러 성균관대학교 후문으로 우리를 데려다주었습니다. 거기서 데크를 따라 조금 올라가면 와룡공원이었지요. 우리는 익숙한 성곽길을 따라 천천히 말바위 안내소를 향해 걸어갔어요. 이번에는 서두를 필요가 전혀 없었습니다. 날은 좋고, 시간은 아주 많았으니까요.

한양도성의 북쪽 대문
숙정문이 열리다

"엄마 더 가야 돼?"

"아휴, 여기가 원래 이렇게 멀었나! 얘들아, 엄마가 일단 뛰어갈 테니까, 너희들은 이 길 따라서 고대로 올라와! 할 수 있지?"

그러고는 산길을 냅다 뛰는데, 말바위 안내소가 그렇게 먼 거리였나 싶습니다. 와룡공원에서 창의문으로 이어지는 백악구간의 성곽길은 한참 전에 순성을 마쳤지만, 때마침 공사 중이어서 못 보았던 숙정문을 보기 위해 다시 찾은 길이었습니다.

탐방 시간 안에 숙정문에서 사진만 찍고 오면 된다고 생각하고 느지막이 나선 길이었습니다. 그러나 와룡공원을 지나며 흘끗 쳐다본 입장 마감 시간에 놀라서 일단 뛰었던 거예요. 시간은 이미 십오 분이나 지나 있고, 땀범벅이 되어 도착한 안내소는 굳게 닫혀 있었습니다. 그사이 저만치서 땀을 뻘뻘 흘리며 걸어오는 아이들이 보였습니다.

안내소 앞 데크에 앉으며 "시간이 넘어가서 못 간대. 그냥 여기서 좀 쉬었다가 내려가자" 했더니 말이 떨어지기 무섭게 입술을 쌜룩거리던 아들 녀석이 굵은 눈물방울까지 뚝뚝 흘려가며 대성통곡을 합니다. 땀에, 눈물에, 누렁 콧물에, 어찌나 서럽게 울던지 직원분까지 나오셔서 안타까워하셨어요. 이거 참, 집에서 나올 때 뭉그적거린 게 그렇게 후회될 수 없었습니다. 그날따라 9월의 하늘은 어찌 그리도 높고 푸른지, 되돌아가는 발걸음이 쉬이 떨어지지 않았었더랬지요.

숙정문을 다시 찾은 건 가을이 무르익은 11월이었습니다. 안내소에서 당당히 신청서를 써내고 노란 줄의 명찰까지 목에 걸고 나니 어깨가 으쓱으쓱, 뭐라도 된 기분이었지요. 말바위 안내소를 지나 전망 쉼터가 나오면 본격적인 산행이 시작됩니다. 백악의 산자락을 따라 한양도성이 드러나고, 뒤돌아본 여장 너머 탁 트인 서울의 시가지가 끝없이 펼쳐집니다.

능선 아래 한층 짙어진 나무 사이로 숙정문의 우진각 지붕도 얼핏 보입니다. 유난히 흰 추녀마루의 곡선이 소나무 군락 속에서 더욱 하얗게 드러나고, 성곽은 완만한 능선을 끼고 물결치듯 돌아갑니다. 느릿느릿 얼마나 걸었을까. 우리는 금세 숙정문에 도착했어요.

숙정문은 한양도성의 북쪽 대문이었습니다. 지금이야 안팎을 자유롭게 드나들 수 있지만, 성문 너머 산이 깊고 험준했던 까닭에 축성 후에도 자주 이용되던 문은 아니었습니다. 애초에 북문으로서 형식을 갖추기 위해 만든 문인 데다, 태종 13년[1413] 최양선이라는 풍수가가 창의문과 숙정문 고갯길은 경복궁의 양팔에 해당하므로 길을 열어 지맥을 상하게 하면 안 된다고 상서하자 성문을 닫고, 소나무를 심어 통행을 금지했다고 전해집니다.

간혹 도성 안에 가뭄이 심해지면 남문인 숭례문을 닫고, 물의 기운을 가진 숙정문을 열어 기우제를 지내기도 했지만, 상시로 오가는 문

11월에 찾은 숙정문

이 아니다 보니 세월이 흐르며 창의문을 북문으로 오해하는 사람들이
생기기도 하고, 그 이름조차 사람들의 기억에서 멀어지게 됩니다.

　지금의 숙정문은 1970년대 중반 '서울성곽 정화사업'에 의해 한양
도성이 대대적으로 보수될 때, 새로 문루를 세워 복원한 것입니다. 숙

정문은 축성 당시부터 문루가 없었다고도 전해지지만, 어쨌든 도로에 의해 단절되어 성벽의 좌우 날개 또는 한쪽 날개가 잘려나간 다른 성문들과 달리, 유일하게 성문과 성벽이 온전하게 붙어 이어지고 있어서 그 옛날 한양도성의 성문들이 어떤 모습이었을지 상상할 수 있습니다.

작년 가을엔 공사 때문에, 또 두 달 전에는 늑장을 부린 탓에 볼 수 없었던 숙정문까지 보고 나오니 순성이 끝났다는 게 그제야 실감 납니다. 늦가을의 숲은 차분하고, 복원되었다 하나 틈틈이 오래전 모습대로 남은 옛 성돌들이 성벽을 메운 채 솔숲 사이로 굽이지니, 그 여운마저 그렇게 좋을 수 없습니다.

청운대 지나
백악마루로

숙정문 너머의 성곽 자락은 울창한 숲 사이로 자취를 감추어 보이지 않지만, 백악곡성과 청운대, 그리고 백악마루를 지나 창의문에 닿을 때까지 산자락을 타고 오르내리며 이어집니다. 돌 틈마다 핀 묵은 이끼들은 바람과 그늘의 방향에 따라 성벽을 덮고, 성돌들은 오래된 것은 더 검은빛으로, 아닌 것은 덜 검은빛으로, 시간이란 원래 그런 식으로 흘러가는 것임을 보여주지요.

청운대에서 잠시 쉬었다가 다시 가파른 성곽길을 따라 오르면 백악

청운대 가는 길

산의 정상인 백악마루에 도착할 것입니다. 거기 서면 어디선가 또 바람이 불어오겠지요. 툴툴거리면서도 한 계단 한 계단 올라서는 아이들 뒤통수에 대고 조금만 더 가면 된다는 뻔한 말을 건네지만, 그다지위로가 될 것 같진 않습니다. 그러나 별수 없습니다. 집에 가려면 백악마루를 넘어 창의문으로 가야 하니까요.

백악마루를 향해 이어지는 한양도성의 성곽을 바라보며 '처음'에 관한 것들을 떠올립니다. 짐 가방을 들쳐 메고 허둥거리며 신대방역 가는 지하철에 처음 올라탔던 일, 대학원 첫 수업을 듣던 날의 긴장과 떨림, 성북동 낮은 지붕 위로 이어지던 한양도성과의 첫 만남, 아이들과 함께 첫 순성길에서 보았던 남산의 푸른 하늘, 그리고 그 전에도 있었고, 그 후로도 계속된 처음의 나날들….

처음 이곳을 한 나라의 도읍으로 정하고, 새로이 궁궐을 짓고, 종묘와 사직을 세우고, 육조六曹 거리와 시전市廛을 만들고, 내사산 능선을 따라 도성을 쌓아 올린 마음이 바로 옛사람들의 첫 마음이었을 것입니다. 그러나 가장 낮은 자리에서 등과 허리를 구부려 성돌 하나하나를 쌓아 올렸을 그 마음까지 헤아리기는 쉽지 않겠지요.

창의문으로 내려가는 길, 한 발 한 발 내딛기 무서우리만큼 아찔하게 내리꽂히는 성곽 자락을 보고 나서야 비로소 한 사람, 한 사람의 손끝에서 나오는 그 어떤 노고와 애씀은 결코 헛된 것이 없다는 사실을 깨우치게 됩니다.

돌로 뿌리를 박고 돌로 맞벽을 쳐올려 쌓은 성, 돌, 돌, 모래 헤이듯 해야 할 돌들, 성자성민야城者盛民也 (저기 축성된 성이 바로 수많은 백성 그것이로다)

— 이태준, 「성城」, 『무서록』, 41쪽

돌들을 바라봅니다. 거대한 암릉을 성벽 삼아 그 위에 얹힌 여장 너머 그들도 보았을 풍경들이 아득하게 펼쳐집니다. 다리가 후들거리던 내리막길도 낮아지고, 돌아보면 머리 위로 고꾸라져 쏟아질 듯 보였던 성곽 자락도 저만치 멀어지네요. 어느새 가야 할 창의문이 지척입니다.

미래는 과거로부터, 그리고 내부로부터

한양도성과 그곳으로부터 이어진 성곽길을 따라 아이들과 함께 걸었습니다. 걷고 멈추기를 반복하면서 막연히 찾고 있던 것이 그곳 어딘가에 놓여 있을지도 모른다고 생각했습니다. 그러나 길이 있다면 그건 남의 길이랬지요. 저기 유난히 곧게 뻗은 길도 분명 남의 길일 것입니다. 애쓰며 걸어가는 지금 이 길이 나의 길이라 믿으며, 어제 그랬던 것처럼 오늘도, 오늘 그랬던 것처럼 내일도 그렇게 걸어갈 뿐입니다.

먼저 가겠다며 성큼성큼 앞서가는 아이들 뒤에서 저는 점점 작아지는 그들의 뒷모습을 바라봅니다. "엄마! 왜 안 와? 빨리 와!" 재촉하는 성화에 먼저 가 있으라며 손을 휘이휘이 내저으면서도, 결국 멈춰선 채 저를 기다리고 있던 아이들의 손을 가만히 쥐어봅니다. 어린애다운 따뜻하고 보드라운 손바닥의 온기가 전해집니다.

맞은편 인왕산에는 한눈에 보아도 한양도성임을 알 수 있는 백색의 성곽이 산자락을 타고 굽이지고 있습니다. 지금 저곳을 내려오는 사람들도 이쪽을 향해 감탄사를 연발하고 있겠지요. 그새 창의문 낮은 지붕이 보입니다. 그 지붕 너머로 한양도성은 또다시 이어지고, 넓게 그늘을 드리우던 잘생긴 소나무도, 시인의 언덕에서 마음 울컥해진 채로 서성이고 있을 사람들도 모두 그대로였습니다.

창의문을 나가면 익숙한 부암동 동네가 눈에 들어옵니다. 너무도 익숙한 탓에 오래전부터 살고 있었던 것처럼 느껴지지만, 연신 두리번거리는 까닭에 먼 데서 온 사람이란 게 들통나고 말겠지요. 부암동 주민센터 정류장으로 건너갑니다. 그리고 예전에도 그랬듯이 모르는 사람들과 나란히 서서 다시 자하문고개를 넘어갈 버스를 기다립니다.

성벽, 돌, 성가퀴, 낡은 기와, 그리고 묵은 이끼가 낀 틈새로 오래된 바람이 불어옵니다. 성공회대학교 교수였던 신영복[1941~2016]은 그의 책 『강의』에서 이렇게 이야기했지요. "미래는 과거로부터 오는 것입니다. 미래는 외부로부터 오는 것이 아니라 내부로부터 오는 것입니다"…. 여정의 끝에서 깨달은 건 한 도시의 미래도 과거로부터, 또 외부가 아닌 내부로부터 온다는 것이었습니다.

그것은 엄청나게 대단하고, 어마어마한 무언가가 아니었습니다. 한두 방울 흩뿌리던 비가 소나기가 되어 지나가던 낙산에서, 오래된 도시로서의 골격이 선명하게 펼쳐지던 인왕산에서, 아름다운 옛 지도를

백악마루를 내려오며

떠올리게 했던 남산에서, 긴 성벽을 따라 영차, 영차 힘내서 올랐던 백악산에서, 그리고 그것을 하나로 이어주던 '한양도성'이라는 성곽길을 아이들과 함께 걸으며 함께 보았던 풍경들이었습니다.

어쩌면 개인의 미래도 마찬가지 아닐까. 곧게 뻗은 미래를 향해 앞으로 나아가는 게 아니라, 돌고 돌아 처음 섰던 자리로 되돌아오는 것이었습니다. 비록 다시 돌아온 자리에서 마주한 나의 모습이 기대했던 것과 다를지라도, 한 손에는 지나온 길과 나아갈 길을 바로 응시할 아주 조금의 용기를 쥐고 있을지도 모릅니다.

한양도성보다 더 좋은 길이, 여기 한양도성의 성곽길을 한 바퀴 돌아보는 것만큼 좋은 경험이 또 있을까 싶습니다. 교통카드와 물, 그리고 한 덩이의 삼각김밥이면 충분할 것입니다. 어디에서 시작하든, 어떻게 시작하든, 걷다 보면 반드시 그 자리로 돌아오게 되어 있으니까요.

2부

옛길과 동네,
지나간 것들이
보내는 당부

11 부암동 봄 마실

부암동과 무계정사길 ——————————————————————

석파정
홍지동
서울미술관
환기미술관
북악팔각정
자하문로
부암동
주민센터
창의문
자하문고개
경복궁
무계원
무계정사터
(무계동각자)
청계동천각자
현진건집터
반계윤웅렬별서
옥인동

고갯마루 넘어
다다른 동네

경복궁역에서 내려 3번 출구로 나가면 서촌 초입입니다. 우리가 흔히 '서촌'이라 부르는 이곳은 경복궁의 서측, 정확히는 인왕산과 경복궁 사이의 동네로, 꽤 넓은 지역을 에둘러 가리키고 있지요. 유명한 맛집과 카페들이 즐비하고, 화사한 한복을 차려입은 젊은이들과 외국인 관광객들로 붐비지만, 자하문로 큰길을 조금 벗어나면 여전히 고즈넉한 골목들이 이어지는 오래된 동네입니다.

다만, 이번 답사는 서촌이 아니어서 우리는 여기서 버스를 갈아타고 자하문고개를 넘어야 합니다. 버스 정류장에 듬성듬성 모여 있던 사람들이 제각각 타고 갈 버스에 올라타고, 잠시 후 도착한 7022번 버스도 자하문고개를 넘으려는 사람들을 싣고서는 부지런히 내달립니다. 서촌 가운데를 가로지르던 버스가 청운초등학교 앞에서 덜커덩하며 우회전하면, 인적은 뜸해지고 길은 조용해져 그제야 차창 밖 풍경을 바라보며 세상 편한 자세로 고쳐 앉습니다.

버스는 청운중학교를 거쳐 지중해풍 컬러의 빌라 단지를 지나 그리 가파르지 않은 오르막길로 들어섭니다. 자, 이때부터입니다. 가로수 사이로 도심의 파노라마가 보이기 시작하면서 시선은 저도 모르게 왼쪽으로 돌아갑니다. 그러니 버스에 자리가 있다면 되도록 왼쪽 창가에 앉거나 서 계시기를 권합니다. 드릉드릉 둔탁한 엔진 소음을 내며 달리는 버스의 진동에 몸의 긴장도 풀리고, 기세 좋은 햇살이 내리쬐는 순간이 오면 들떠서 그만 그 기분에 사로잡히고 맙니다. 바로 '그곳'으로 가고 있다는 기분이지요.

청년 시절부터 산으로, 들로, 도시로, 시골로 돌아다니며 한 가지 확신하게 된 것이 있었습니다. 좋은 공간, 훌륭한 장소는 그곳으로 가는 길목부터가 남다르다는 것이었습니다. 어디서부터 어디까지를 길목으로 할지 딱 부러지게 말할 수 없지만, 그것은 단순한 이동 경로가 아니었습니다. 다다를 곳에 저절로 집중하게 하고, 한껏 기대하게 하며, 무엇보다 그곳에 가까워지고 있다는 느낌을 강렬하게 전달하는 그런 것이었지요.

저는 왼쪽 창가에 앉아 그 기분을 만끽합니다. 가고 있다는 느낌이 충만한 길을 따라 좁은 고갯마루를 넘으면 제가 가장 좋아하는 서울 동네가 나옵니다. 7022번 버스가 백악산으로 이어지는 교량 아래를 지나면, 창의문의 다른 이름인 자하문의 밖이라서 옛사람들이 '자문 밖'으로 줄여 불렀다던 동네에 도착했음을 단번에 알아차릴 수 있습니다.

그렇게 고갯마루 넘어 다다른 동네는 서울이라는 도시를 생각할 때 갖게 되는 어떤 느낌의 반대쪽에서 우리를 맞이합니다. 그것을 흔히 '서울 같지 않다'는 말로 해버리지요. 우리는 부암동주민센터 앞에서 내렸습니다. 미세먼지가 물러간 하늘은 푸르고, 가지마다 매달린 새잎들은 갓난아이 같은 연둣빛이어서, 저절로 엄마 미소가 지어졌던 어느 봄날이었습니다.

무계원과
현진건 집터

계획을 꼼꼼하게 짜두었을 리 만무하고, 우리의 답사도 중반쯤으로 접어듦을 느낄 뿐입니다. 한양도성을 따라 걷는 일은 아직 끝나지 않았습니다. 두세 번의 순성길이 더 남아 있지만, 이제는 여유도, 요령도 생겨서 이렇게 화사한 봄날이면 이웃집 마실 가듯 슬슬 걷고 싶어집니다. 실상은 이웃 동네가 아니라 이것저것 갈아타고 한참을 가야 할 먼 동네일지라도, 이런 날이면 단연코 부암동이지요.

우리는 길 건너 부암동주민센터 옆 골목으로 들어갔습니다. 안평대군 이용[1418~1453]이 세운 무계정사의 터가 있어 '무계정사길'이라 붙여진 이 길은, 아직도 그렇게 불리는지 모르겠지만, 얼핏 보면 주민센터 건물이 이정표가 되어주는 여느 평범한 주택가 골목이었습니다. 서화가였던 송은 이병직[1896~1973]의 집이었다가 그의 사후 이름난 요릿집으로 쓰였던 '오진암'이 익선동에서 골목 초입으로 옮겨진 뒤부터 길이 다 훤해졌지요. 호텔 건립으로 철거될 위기에 처한 오진암의 한옥들이 이축·복원되어, 2014년 '무계원'이라는 전통문화공간으로 자리를 잡은 것이었습니다.

대문간의 향나무도 옮겨 지은 한옥들도 근사하지만, 안채에서는 무슨 수업이 한창인지 사람들로 시끌벅적합니다. 아무래도 여염집 같은 편안한 분위기는 아니라 머뭇대는데, 마침 선생님 한 분이 나오셔서 편히 구경하라며 리플릿을 건네주시네요. 살그머니 안마당을 돌아 나와 사랑채 밖 좁은 쪽마루에 등 기대고 앉으니, 그제야 내리쬐는 봄볕이 그렇게 따사로울 수 없습니다.

굵은 모래가 깔린 뒷마당까지 둘러보고 무계원을 나왔습니다. 거기서 야트막한 오르막을 따라 몇 걸음 올라가면 '현진건 집터'를 알리는 표석과 함께 안평대군의 '무계정사터'도 지척이지요. 현진건 집터는 골목의 한 귀퉁이에 위치할 뿐이지만, 그냥 지나칠 수가 없었습니다. 담장 사이를 비집고 제멋대로 자란 나무들, 아른거리는 그림자, 옹벽의 마름모꼴이라든가 나란히 선 전봇대가 그의 표석과 함께 추억의 오브제가 되어주었지요. 그래서 가던 길을 멈추고 표석 앞에 서서 그의 단편소설에 빠져 지내던 학창 시절로 떠듬떠듬 되돌아갔던 모양입니다.

저는 고등학교 1학년 때 국어 선생님이 일주일에 한 번 수업하셨던 문학 시간을 정말 좋아했습니다. 국어와 문학, 역사와 미술을 좋아했던 여고생이 친구 따라 이과로 진학하면서 인생 전반이 단단히 꼬이

빙허 현진건 집터

고 말았지만, 그때 읽었던 청록파 시인의 시와 한국 단편소설들은 한 여고생의 어수선한 정신세계를 어루만져주었고, 헌책방에서 삼백 원, 오백 원씩 주고 사 모았던 낡은 문고판 책들은 읽고 또 읽어도 지루하지가 않았습니다.

이곳은 빙허 현진건[1900~1943]이 1936년 동아일보 재직 당시, '일장기 말소사건'으로 가혹한 옥고를 치르고 나서 이사 온 곳이었습니다. 당시만 해도 자문 밖은 도성에서 외떨어진 변두리였습니다. 그는 양계로 근근이 살아가며 이곳에서 장편 역사소설『무영탑』을 집필하게 되지요. 소설은 큰 인기를 얻었지만, 생활의 곤궁함을 벗어나기엔 무리였나 봅니다. 일제강점기 말의 암울했던 시대 상황, 계속되는 사업 실패와 생활고, 이어진 건강 악화로 결국 부암동 생활을 정리하게 되고, 해방을 두 해 앞둔 1943년 그는 제기동에서 지병이었던 장결핵으로 세상을 떠나게 됩니다.

그에게 이곳은 풍경과 피안彼岸을 위한 장소는 아니었습니다. 표석만 덩그러니 남았을 뿐 아무 흔적도 없고, 소설인지 진짜 세상인지 모를 만큼 생생히 그려냈던 현실도, 「운수 좋은 날」을 읽으며 심란해하던 시절도 까마득하게 지나가버린 것 같았습니다. 어디선가 들려오는 청아한 산새 소리가 고요를 깨뜨리고, 봄의 나무들 아래 낡은 표지석만이 그의 비석인 양 쓸쓸히 자리를 지키고 있습니다.

'마음을 즐겁게 하고
은자들을 깃들게 하는 땅'

표석의 바로 뒤가 안평대군의 집터인 '무계정사터'지요. 오래전 처음 왔을 때는 여기저기 쓰레기가 나뒹구는 잡풀 무성한 빈터에 낡은 한옥 한 채와 '무계동武溪洞' 글씨가 새겨진 커다란 바위만이 덩그러니 놓여 있었는데, 새로 주인을 맞아 단장한 후로는 먼발치에서 지나가게 되었습니다.

오르막길을 천천히 걸었습니다. 길 주변은 크고 울창한 나무들로 둘러싸인 데다 몇몇 장소들이 뿜어내는 분위기 때문에 고즈넉한 기분이 드는 정도겠으나, 사실 시도 잘 짓고 그림도 잘 그리고 거기에 명필이라 예술가적 기질이 다분했던 안평대군이 꿈에서나 볼 법한 풍경이었다니, 여기서 그의 꿈 이야기를 들어보지 않을 수가 없겠지요.

어느 날 안평대군은 박팽년1417~1456과 함께 산 아래 복사꽃이 흐드러진 무릉도원을 발견하는 꿈을 꾸게 됩니다. 꿈이 무척이나 생생했던지, 그는 당시 최고의 화가였던 안견?~?에게 그 풍경을 들려주고 그리게 했는데, 그 그림이 제목도 유명한 〈몽유도원도夢遊桃園圖〉입니다. 애초에 꿈속 풍경을 그린 거라 현실 세계에 과연 저런 곳이 있을까 싶지만, 그로부터 몇 년 후 안평대군은 창의문 밖 인왕산 자락을 유람하다가 그때 꿈에서 보았던 풍경과 쏙 빼닮은 이곳을 발견하고는 무계정사를 세웠던 것입니다.

아무리 기억력이 좋았대도 몇 년 전 꾼 꿈을 그렇게나 세세히 기억하기란 쉽지 않은 일이겠지요. 안평대군은 그것을 글과 그림으로 남겨놓았기에 쉽게 떠올릴 수 있었을 것입니다. 그가 도원을 꿈꾸었던 날도 아름다운 봄날이었습니다. 한편의 꿈이 신비로운 그림으로, 다시 '무계정사'로 이어지는 과정은 그가 남겨놓은 글로 전해지고 있습니다.

> 나는 정묘년[1447년] 4월에 무릉도원의 꿈을 꾼 적이 있다. 지난해 9월에 우연히 시간을 내어 유람을 하던 중에 국화꽃이 물에 떠 내려오는 것을 보고는 칡넝쿨과 바위를 더위잡아 올라 비로소 이곳을 얻게 되었다. 이에 꿈에서 본 것들을 비교해보니 초목이 들쭉날쭉한 모양과 샘물과 시내의 그윽한 형태가 비슷했다. 그리하여 올해 들어 두어 칸으로 짓고 무릉계라는 뜻을 취해 무계정사武溪精舍라는 편액을 내걸었으니, 실로 마음을 즐겁게 하고 은자들을 깃들게 하는 땅이다. 이에 잡언 시 5편을 지어 뒷날 이곳을 찾아오는 사람들의 질문에 대비하고자 한다.
>
> ─ 안평대군, 「부원운 병서附元韻 幷序」, 『청와대와 주변 역사문화유산』, 407쪽 재인용

'마음을 즐겁게 하고 은자들을 깃들게 하는 땅….' 저는 이 문장이 언제나 마음 깊이 와닿습니다. 자연 속에 자리한 특별한 집이라는 점을 감안해도, 옛사람들이 집을 대하는 태도에는 언제나 이런 분위기가 담겨 있기 때문입니다. 거기에서는 집을 지은 연유와 함께 집안 작은 공간들의 이름까지 정성스레 명명되고, 집을 둘러싼 자연을 진심을 다해 좋아하고 있다는 느낌이 전해졌습니다.

무계정사터를 지나 몇 발자국 올라가니 덤불로 가려진 바위에 '청

계동천淸溪洞天' 각자가 보입니다. 바위에 반듯하게 새겨진 네 글자를 입으로 소리 내어보는 것만으로도 싱그러운 청량감이 전해집니다. 이곳 어디쯤엔 안평대군의 글에서처럼 국화꽃 떠내려오는 맑은 계류도 있었겠지요.

그러니 아무래도 이 동네는 예사 동네가 아니었던 것입니다. 실제로 자문 밖이라 불렸던 부암동과 주변 동네는 수려한 산세와 계곡, 흰 바위들에 둘러싸인 도성 밖의 명승지였고, 도성 안에 살던 권문세가들의 별서別墅들이 곳곳에 자리 잡은 경치 좋은 동네였습니다.

오르막길은 갈림길이 되어 두 갈래로 나누어집니다. 도성 밖 명승지였다는 말이 거짓은 아닌 듯, 길 사이로 '반계 윤웅렬 별서'가 자리 잡고 있습니다. 대한제국 시기의 관료였던 반계 윤웅렬[1840~1911]이 도성 안에 창궐한 성홍열을 피해 지었다는 별장입니다. 오래전 열린 대문 사이로 보았던 바깥마당에는 잡목이 우거지고 커다란 백색 바위 곁에는 묵은 낙엽들이 두껍게 깔려 있었지요. 지금의 모습으로 고쳐진 뒤로는 골목 끝자락에서 동네의 분위기를 한껏 높여주고 있습니다.

어디로 가든 되돌아 나와야 하니 어디로 가도 괜찮습니다. 왼쪽 길로 가면 녹음 가득한 산책길을 거닐게 될 것이고, 반계 윤웅렬 별서의 돌기와를 얹은 콩떡 담장을 끼고 오른쪽으로 올라가면 골목 끝 자하미술관에서 동네 전경을 내려다볼 수 있을 것입니다.

이곳은 이미 봄의 잔치가 한창입니다. 그럼 그렇지, 별서 앞에는 인왕산에서 흘러 내려오는 깊은 도랑이 있습니다. 왜 이제야 보였을까요.

반계 윤웅렬 별서

난간에 걸터앉은 아이들에게 조심하라고 당부하려는 순간, 아이들이
큰소리로 외칩니다.

　"엄마! 엄마! 여기 개구리 있어!"

내려다보니 정말로 시커먼 산개구리들이 물이 살살 흐르는 도랑 바닥에 자글자글 모여 있고, 며칠 전 떨어졌을 산벚나무 꽃잎들도 봄바람에 이리저리 쓸리다가 흩어집니다.

이제는 별서의 바깥마당에 아무렇게나 걸터앉아 오래된 것들에 둘러싸인 공터의 신비로운 분위기를 만끽할 수도 없겠지요. 그러나 옛사람들의 흔적이 밴 길 위에는 오래된 여운이 가득하고, 산개구리도 흩날리던 산벚꽃 잎들도 그대로일 것이기에 훗날 다시 온대도 즐거울 것이 분명합니다. 그때도 이런 봄날이면 더할 나위 없이 좋을 거예요.

한 번쯤 살아보고 싶은 서울 동네

우리는 왔던 길을 되돌아 느릿느릿 걸어 내려왔습니다. 그러고는 부암동의 봄기운을 만끽하며 '서울미술관'으로 걸음을 옮겼지요. 그곳에는 봄빛이 오를 대로 오른 '석파정石坡亭'이 그림보다 더 아름다운 모습으로 우리를 기다리고 있을 거였습니다.

흥선대원군[1820~1898]의 별서로 알려진 석파정은 원래 철종 때 영의정을 지낸 김흥근[1796~1870]의 소유였습니다. 그의 별서는 바로 옆 바위에 반듯한 필체로 새겨진 '삼계동三溪洞' 각자로 인해 '삼계동정사三溪洞精舍'로 불렸습니다. 넓은 암반 아래로 흐르는 계류, 그윽한 숲속, 아름답고 기품 넘치는 옛집, 거기에 한양도성이 내리꽂히며 백악의 절경이 손에 잡힐 듯 전개되는 이곳을 흥선대원군도 어지간히 마음에 들어 했었나 봅니다.

집을 팔라는 권유에도 김흥근이 꿈쩍 않자, 흥선대원군은 일부러 고종을 모시고 가 하룻밤을 묵게 했고, 임금이 머문 곳을 신하가 취할 수는 없어서 결국 별서를 내어주었다는 이야기가 사실인지는 모르겠습니다. 어쨌든 흥선대원군은 별서의 앞산이 모두 바위 언덕이어서 자신의 아호를 '석파石坡'로 바꿀 만큼 이곳을 좋아했습니다.

사실 대원군만 이곳을 좋아한 건 아니어서, 저도 2012년 서울미술관 개관과 동시에 말끔히 단장한 석파정이 유료로 개방되었을 때 부랴부랴 찾아갔었습니다. 미술관 관람을 마치고 후원으로 나가는 자동문이 스르르 열림과 동시에 마주 본 석파정의 첫인상은, 김흥근의 배려로 이곳에서 하루를 묵었던 서화가 소치 허련[1808~1893]의 감상처럼, 신선들이 산다는 현포玄圃와 낭원閬苑의 세계에 발을 들여놓은 듯한 기분이었지요.

인왕산과 백악산 자락을 오르내리다가, 한양도성을 따라 걷다가, 옛사람들의 별서가 자리 잡은 골목길로, 숲이 우거진 백사실로, 세검정과 홍지문을 돌아가다 보면 그곳은 늘 부암동 언저리였습니다. 못 보던 가게들이 자꾸 생겼다가 없어지고, 오가는 사람들도 부쩍 많아지는 탓에 일없이 남의 동네 걱정을 하기도 했지요. 그러나 골목 안으로 들어가면 온통 산으로 둘러싸인 볕 잘 드는 동네가 좋아서 떠나지 못한 사람들이 오랫동안 살고 있는 그런 곳이었습니다.

　골목길을 살살 걷다 보면 '아, 나도 이 동네에서 한번 살아보고 싶다!' 그런 마음이 저절로 들곤 했습니다. 거기에 그러지 못하는 이유를 걷어내고 나면 무엇이 남을까. 먼 옛날, 시끌벅적한 도성 한복판에 살던 어느 한량이 우연히 본 자문 밖 풍경에 반해 '여기다 별서라도 하나 지어 유유자적 살고 싶구나!' 했다가 그러지 못하고 돌아섰던 아쉬움 같은 것이 남겠지요. 그의 한탄은 세상이 아무리 변했어도 변치 않는 이 동네만의 어떤 느낌과 분위기에 닿아 있었을 것입니다.

　인왕산과 백악산이 만나는 고갯마루, 그곳에 창의문 아니, 옛사람들이 즐겨 불렀다던 자하문…. 자문 밖 골짜기 빈터마다 들어선 정겨운 동네와 옛 별서들의 정취가 그윽하게 전해지는 곳. 새로 산 구두를 신고 무릎을 곧게 펴고 걷기는 어렵겠지만, 구불구불한 골목을 한 바퀴 돌아 나오면 동네를 에워싼 산과 언덕, 나무와 바람이 그 정도 불편쯤이야 얼마든지 잊게 해줄 것만 같은 동네….

　어쩌면 주인이 멀쩡히 따로 있던 '삼계동정사'가 흥선대원군의 '석파정'으로 바뀐 사연에는 한 번쯤 살아보고 싶은 정도가 아니라, 여기가 아니면 안 되겠다 싶었던 그의 속내가 한몫했는지도 모르겠습니다. 안목 높기로 명성이 자자했던 흥선대원군도 자문 밖의 어떤 느낌과 분위기는 도저히 뿌리칠 수 없었던 모양입니다.

석파정

12 자연과 하나 되는 삶의 공간

백석동길과 백사실계곡 ────────────────────

홍제천

현통사

별서터

월암각자

백석동천각자

백사실계곡

세검정
삼거리

하림각

석파정

서울미술관

환기미술관

동양방앗간

백석동길

부암동
주민센터

창의문

경복궁

번잡한 세상사로부터 벗어난 곳,
별서와 동천

저는 오랫동안 별서 유적이라 불리는 '별서'의 한자를 '別墅'가 아닌
'別暑'로 잘못 알고 있었습니다. 당연히 부암동 일대 별서들을 옛날 양
반들의 여름 피서지쯤으로 오해하고 있었지요. '피서'라는 요즘 말보
다 더위와의 이별을 고하는 '별서'라는 표현이 더 고상해 보였다고나
할까요. '집에서 멀리 떨어진 경치가 아름다운 곳 등에 은둔과 은일을
위한 집, 또는 순수하게 자연을 완상하기 위해 조성해 놓은 집'이란
별서의 뜻을 알게 된 것은 부암동 일대의 별서들을 몇 번이나 들락거
리고도 훨씬 나중의 일이었습니다.

확실히 부암동 주변에는 별서라고 불릴 만한 유적들이 많이 남아 있
습니다. 무계정사터, 반계 윤웅렬 별서, 석파정, 백사실계곡의 별서터
등을 비롯해서 무계동武溪洞, 청계동천靑溪洞天, 삼계동三溪洞, 소수운
렴암巢水雲簾菴, 백석동천白石洞天, 월암月巖과 같은 각자들도 별서를
보러 가는 길에 마주할 수 있습니다. 사실 인왕산과 백악산 자락에도 근

백석동천 각자 바위

사한 바위들이 그득하고, 거기엔 무릉폭武陵瀑이나 도화동천挑禍洞天,
양산동천陽山洞天처럼 현실 세계에서 벗어나 신비로운 분위기를 내뿜
는 글씨들이 많이 새겨져 있습니다.

　이러한 각자를 살펴보면 '동천洞天'이라는 표현이 자주 등장하는데,

194

동천은 주로 '신선들이 살 법한 마을 또는 경치가 빼어난 곳'을 이르는 말이었습니다. 일단 어떤 바위에 동천 글자가 새겨져 있다면, 그것은 물 맑고 산수가 빼어난 곳임을 증명하는 일종의 인증마크였던 셈이지요.

철마다 맑은 계류가 흐르던 골짜기는 복개되어 도로가 되었지만, 따사로운 봄바람에 몸을 맡긴 채 가만 들여다보면 옛 별서들이 있던 자리에서도, 동천이 새겨진 바위에서도 말로 표현할 수 없는 아늑함과 편안함이 느껴졌습니다. 아마도 세상사의 번잡함과 소란스러움을 피해 자연 속에서 유유자적하고 싶었던 옛사람들이 '별서'와 '동천'에 그들의 소망을 절절하게 담아놓았기 때문일 것입니다.

앞에서도 잠깐 이야기했지만, 별서가 아니더라도 옛사람들의 집을 답사하고, 거기 얽힌 사연들을 읽어가노라면 그들이 자연과 하나 되는 삶을 얼마나 중요하게 생각했는지, 그것을 집이라는 인공의 공간 안에 어떻게 투영하려고 애썼는지 새삼 느끼게 됩니다. 놀라운 것은 한껏 멋을 부린 집도, 수수하기 이를 데 없는 검박한 집도 모두 '자연'이라는 하나의 주제로 버무려버리는 옛사람들의 기술이었습니다.

백사실계곡과
별서터 가는 길

명나라 때 지어진 「청한공淸閑供」이라는 기록을 보면, 신선들이 살

법한 이상향을 매우 구체적인 공간으로 묘사하고 있는데, 다음과 같습니다.

> 문 안에는 작은 길을 만드는데 길은 구불구불할수록 좋고, (…) 계단 주변에 꽃을 심는데 꽃은 고울수록 좋고, 꽃밭 밖에는 담을 만드는데 담은 낮을수록 좋고, (…) 바위 위에는 정자를 세우는데 정자는 소박할수록 좋고, (…) 거실 곁으로 길을 내는데 길은 여러 갈래로 나뉠수록 좋고, 길이 만나는 곳에는 다리를 놓는데 다리는 위태로울수록 좋고, (…) 산 아래에는 집을 짓는데 집은 방형方形일수록 좋고, 집 모서리에는 남새밭을 만드는데 남새밭은 훤히 트일수록 좋고….
>
> — 서유구 지음, 안대회 엮어 옮김, 『산수간에 집을 짓고』, 19~20쪽 재인용

읽다 보면 '~하는데 ~할수록 좋고'의 운율에 빠져 좀처럼 헤어나오기 힘들지만, 그런 중에도 산속에 지어진 어떤 집의 정경이 떠올라 머릿속에 어른거렸습니다. 지금은 꽃밭도, 거실도, 정자도 없이 석축만이 자리를 지키고 있지만, 이곳에 살던 옛사람은 분명 그렇게 집 짓고 살았을 것만 같은 곳이었지요.

창의문 삼거리에서 안쪽으로 들어가면 삼각형 필지에 지어진 동양방앗간 건물을 가운데 두고 왼쪽 내리막은 환기미술관 가는 길이고, 오른쪽은 '백석동길'입니다. 이름 그대로 동네에 흰 돌과 모래가 많아

예부터 '백석白石실' 또는 '백사白沙실'이라 불렸던 것에서 따온 이름인데, 여하튼 오른쪽으로 가면 봄꽃 흐드러진 옹벽 아래 백석동길이 조용한 주택가와 함께 이어지고 있습니다.

적당히 낡은 것과 적당히 새로워지는 것이 뒤섞여 있지만 조금 먼쪽으로는 둥그런 인왕산의 자태가 그림처럼 펼쳐지고, 가까운 쪽으로는 한양도성의 성곽이 가파르게 얹힌 백악산이 코앞이지요. 잡목들이 뒤엉킨 야산 자락을 따라 키 큰 나무 사이를 지나면, 잊을 수 없는 인생 드라마 〈커피프린스〉의 배경이 된 전망 좋은 카페도 보이고, '무계정사길'과는 비슷한 듯 다른 느낌의 골목길이 나타납니다. 바로 백사실계곡과 별서터로 가는 길입니다.

백사실의 별서터는 조선 후기 서화가이자 문인인 추사 김정희 1786~1856가 백석정이라는 정자가 있던 옛터에 다시 지은 북서北墅로 밝혀져 있지만, 요즘처럼 많이 알려진 곳은 아니었습니다. 처음 갔을 때만 해도 동네 분들이나 산책 삼아 오가던 한갓진 곳이어서 저도 어떻게 알고서 찾아갔는지 기억이 가물가물합니다. 아무튼 명색이 지방 출신인 제가 두 눈 동그랗게 뜨고 놀랐던 건, 별서터의 황홀한 분위기 때문만은 아니었습니다.

그때 마침 젊은 아버지가 아이에게 보여줄 요량으로 바지통을 걷어붙인 모양인데, 계곡 바닥에서 찾아낸 건 가재였어요. 애기 손가락만 한 가재를 잡고서는 옆에서 신기해하던 저에게도 보라며 구경을 시켜주었습니다. 그 나이가 되도록 한 번도 본 적 없던 진짜 가재를 서울에 와서 보다니…. 구경했던 가재들이 모두 제자리로 돌아간 뒤 자리를 털고 일어서서 둘러본 백사실의 첫인상은 서울물이 바짝 들었던 당시 저로서는 뭐 이런 데가 다 있나 싶을 만큼 놀라웠던 것이었지요.

지금은 계곡 양쪽으로 석축과 난간이 세워지고, 도롱뇽과 가재 서식지를 보호하는 지킴이 선생님들이 상주하고 계셔서 가재 구경은 꿈도 못 꿀 일이지만, 크게 달라진 건 없습니다. 안평대군이 꿈에서 본 무릉도원을 서울에서 찾아야 한다면 꼭 이런 곳일 것만 같았지요. 그저 물기 머금은 수풀들이 허리춤까지 우거지고 울창한 나무들이 서로 뒤엉켜 있던 예전의 백사실이 지금보다는 조금 더 신비롭고 아득한 원시림의 모습으로 제 기억 속에 남아 있습니다.

아, 좋다는
그 말밖에는

옛사람들은 은자들이 산에 사는 조건으로 '괴기한 암석, 기묘한 산봉우리, 흘러내리는 샘물, 깊은 연못, 오래된 나무, 아름다운 풀과 신선한 꽃, 그리고 전망이 훤하게 트인 것'을 꼽았습니다. 아이들과 함께 찾았던 봄날의 백사실 풍경도 이와 다르지 않았습니다.

주택가 전봇대에 매달린 작은 안내판을 놓치지 않고 숲길로 들어서면 싱그럽고 촉촉한 공기에 코가 절로 벌름거려지고, 온갖 초록들은

백사실계곡의 육각정

앞다투어 '푸르게, 푸르게'를 외치고 있었습니다. 송림 아래 바위에는 '백석동천' 글씨도 여전했고, 쾌적한 산책로를 따라 내려가면 어디선가 나지막하게 물 흐르는 소리도 들을 수 있습니다.

드디어 나이 많은 나무들 사이로 별서터가 모습을 드러냅니다. 서

백사실계곡의 별서터

울 복판에 이런 아늑하고 청량한 숲이 있다는 것만으로도 감사할 일
인데, 맑은 계곡까지 흐르니 옛사람들이 여기까지 찾아와 별서를 지
은 까닭이 짐작이 가고도 남습니다.

한여름 소낙비가 내린 뒤 자작자작 물이 고인 연못에서 무섭게 몸

을 불리는 야생 미나리들도 참 볼 만했겠지요. 울긋불긋 알록달록한 단풍으로 숲이 물들고, 낙엽 위 쌓인 흰 눈이 옛터의 흔적마저 덮어버리면 동천이란 인간계의 별천지라던 그 말이 결코 틀린 말이 아님을 깨닫게 될 것입니다.

그러나 지금은 한창 차오르는 생의 기운이 옛터의 적막마저 걷어버린 어느 봄날…. 폐허가 된 돌기둥 아래서도 비스듬히 쓰러진 석축 옆에서도 이름 모를 꽃과 풀들은 기세 좋게 피어나고, 그 위에 아무렇게나 걸터앉아 '숲과 못의 그윽한 일은 봄이 온 후에 좋고幽事林塘春後好, 세월의 참된 기미는 고요함 속에 있네眞機日月靜中存'라고 읊던 옛사람의 시구를 떠올리니, 아, 좋다는 그 말밖에는 할 수 있는 말이 아무것도 없었습니다.

때로는 자연 속에
홀로 있어야 한다

우리가 자연 속에서 이렇게 무장해제되는 까닭은 옛사람들이 자연과 하나 되는 삶을 제일로 여겼던 속내와 무관하지 않을 것입니다. 방대한 농업경제 실학서인 『임원경제지林園經濟志』를 집필한 조선 후기의 실학자 풍석 서유구1764~1845는 그중 사대부들의 주거 공간 등을 다룬 「이운지怡雲志」의 서문에서 이야기합니다. 세상사에 얽매임 없이 고아한 뜻을 품고 살아갔던 몇몇 은자들처럼 살고 싶지만, 그렇게 살아내기란 참으로 어려운 일이라고 말이지요.

은둔까지는 아니어도, 단순하고 소박한 삶을 위해 시골집을 고쳐 산다거나, 도시가 아닌 곳에서 반자본주의적인 삶을 실천하며 살아가는 사람들이 여러 매체에 소개될 때 우리에게 로망과 동시에 대리 만족의 대상이 되는 것을 보면, 그가 어렵다고 한 말이 오늘날에도 크게 다르지 않음을 알게 됩니다.

더구나 옛사람들이 동천을 찾아 별서를 짓고 거기 머물고자 한 것은 단순히 시끌벅적한 세상에서 벗어나 오로지 유유자적하기 위함만은 아니었습니다. 중요한 것은 권세와 출세에 대한 욕망을 절제하고, 가난과 궁핍에 대한 초조함 없이 오로지 자신을 갈고닦아 내적인 고요함에 이르는 것이었지요. 서유구가 "아무 이유도 없이 인륜人倫을 멀리하고 몰래 은둔하는 타고난 은자들이 있는데 그들에 대해서는 나는 인정할 수 없다"고 말한 까닭도 아마 여기 있을 것입니다.

무엇보다 '자연'은 은자들의 고아한 삶을 위해 꼭 있어야 할 배경이었습니다. 나라의 모든 물자가 흥청망청 모여들던 운종가 한복판에서 물욕에 흔들리지 않는 삶을 살기란 곤란했을 테니까요. 우리가 꼭 은자가 아니더라도 자연은 우리에게 너무도 많은 것을 선사합니다. 인간사의 번잡한 일들에 치여 초라한 행색으로 산에 갔을 때도 산은 원래부터가 그런 곳이어서, 싫다는 내색 한번 없이 반겨주었지요.

거기서 어떤 평가, 어떤 판단도 없이 있는 그대로 자신의 민낯을 마주하면 그제야 맑은 기운이 일며 보게 됩니다. 바람이 불 때 나뭇잎들이 일렁이는 방식을요. 그리고 알게 됩니다. 그런 눈매로 세상을 바라보면 성찰은 타인이 내뱉는 충고 속에서가 아닌, 이렇게 자연 속에 홀로 있을 때 일어난다는 것을….

주춧돌에 걸터앉아 백사실 주변을 둘러보았습니다. 아무리 아닌 척해도 여태껏 쌓아온 어쭙잖은 경험들로 네 말보다 내 말이 더 맞는 것 같은 기분에서 벗어나지 못했던 것이었습니다.

아이들이 잠시 딴 데로 정신을 돌린 사이 홀로 앉아 나뭇잎들의 바스락거리는 소리, 높은음으로 지저귀는 산새 소리, 낮게 흐르는 물소리에 귀를 기울입니다. 오래전 여기 머물렀던 옛사람들도, 그림 같던 별서가 기둥만 남은 폐허가 되어가는 사이 오갔던 무수한 사람들도 다들 그렇게 했을 테지요.

빈터는 그 봄날, 먼 데서 찾아온 이들에게 그렇게 주춧돌 한 귀퉁이를 내어주었습니다. 저만치서 어르신 몇 분이 두런두런 나누는 얘기 소리가 바람결에 들릴락 말락 전해졌습니다. 축축한 흙 냄새, 쌉싸름한 풀 냄새, 차갑고 오래된 돌 냄새도 있었습니다. 이곳이 설마 꿈에서 본 무릉도원이겠느냐마는 툭툭 털고 일어나 차마 홀로는 가지 못하고, 두 아이의 손을 하나씩 잡고서는 현통사 방향으로 걸음을 옮겼습니다.

발걸음이 얼마나 가벼웠는지 아무도 모를 거예요.

13 자문 밖 물길 따라 추억은 방울방울

세검정과 홍지문 —————————————————————

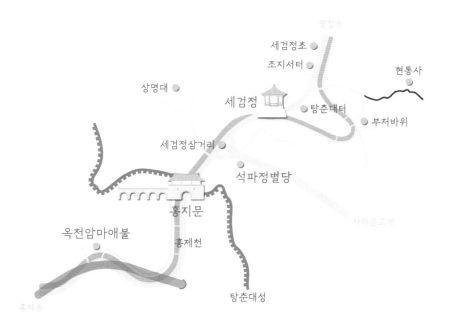

홍제천 물이
흐르는 방향대로

　동네는 온통 산으로 둘러싸인 깊은 골 사이에 자리를 잡았습니다. 북한산의 삼각 봉우리는 저만치 나앉아 뵈지도 않고, 비스듬히 내리뻗은 능선들은 족두리봉에서 향로봉, 비봉, 사모바위, 문수봉까지 그야말로 산 다니던 시절의 아련함이 잔뜩 묻은 곳이었습니다. 거기서 북한산성을 따라 백운대로 가는 길은 또 어찌나 멀고 까마득했던지요. 애꿎은 등산화만 내려다보며 걷다 보면 쥐똥같이 작게 보이던 백색 바위가 코앞에서 거대한 암릉이 되어 나타났습니다.
　지나간 것들은 잘도 잊어버리면서 산에 다니던 기억만은 가장 강렬하게 남아 쉽게 잊히지 않습니다. 초짜 시절 아무것도 모르고 족두리봉 치마바위에 올랐다가 덜덜 떨며 주저앉아 내려다본 풍경도 여기서 멀지 않을 것입니다.
　능선 아래 동네들은 강산이 두세 번은 더 바뀐대도 변하지 않을 것 같은 모습 그대로지만, 어떻게 변하지 않을 수 있겠어요. 첩첩으로 에

위싼 산을 두고 홍제천을 끼고 도는 천변의 풍경은 제 기억 속에서나 변하지 않았던 것이지요.

그러니까 이 동네는 북한산 아래, 홍제천 상류쯤 되겠습니다. 문수봉과 보현봉, 형제봉 일원에서 시작된 물이 이곳을 거쳐 서대문과 마포를 지나고, '모래내'라는 어여쁜 이름이 되어 한강으로 흘러 들어가지만, 여기서는 '세검정 계곡'이라고 바꿔 불러도 전혀 이상하지 않을 심산유곡이지요.

지금이야 사방에 산이 좀 많다 싶은 평범한 동네처럼 보이지만, 콘크리트 제방과 복개된 도로를 싹 걷어내고, 녹슨 철제 난간도 쑥 뽑아버리고, 천변에 붙여 지은 집들도 하나씩 지워버리고 나면, 그제야 "매년 장마 때 도성 사람들이 나가서 넘쳐흐르는 물을 구경"했다던 계곡의 스케일이 장쾌하게 펼쳐집니다.

우리는 그 느낌을 따라 홍제천 물이 흐르는 방향대로 걸어볼 작정입니다. 그러니 백사실에서 보낸 시간이 아무리 좋았대도 이제는 자리를 털고 일어서야 합니다. 호젓한 오솔길을 빠져나오면 '삼각산 현통사' 현판 아래 널찍한 암반을 덮을 듯이 흐르던 물은 작은 폭포수가 되어 복개된 땅속에 스며들고, 그 물은 다시 홍제천으로 흘러듭니다.

낮은 담, 낡은 지붕 사이 골목은 이어지고, 진분홍으로 만개한 복사꽃에 감탄하며 걷다 보면 어느새 홍제천과 맞닿은 마을 어귀입니다. 길옆에 놓인 '부처바위'에는 땅속에 묻혀 있던 바위를 일으켜 세워 마을의 안녕을 빌었던 동네 어르신들의 마음이 또박또박 새겨져 있고,

동네 슈퍼 자리로는 자문 밖 최고 명당인 '자하슈퍼'가 여전히 짱짱한 간판을 내걸고 길목 한가운데를 지키고 있습니다.

산은 내려온 지 오래되었고, 집으로 돌아갈 길도 멀지만, 우리가 '자문 밖'이라 부르는 이곳을 동네 토박이라도 되는 양 슬슬 걷다 보면 어쩐지 발걸음이 쉽게 떼어지지 않습니다. 그러니 이왕 온 김에 홍제천을 끼고 도는 옛 풍경들을 조금 더 보고 가야지요. 주섬주섬 들춰봤자 별것 아닌 것들이지만, 추억은 방울져서 여기 자문 밖 물길 따라 여전히 흘러가고 있으니까요.

'의'를 세우고
역사를 씻어 보내다

하얀 암반 때문에 탁한 물빛이 더욱 시커멓게 보이는 홍제천을 볼 때면, 수중식물 사이를 잔잔하게 흐르는 신도시의 생태하천을 보던 때보다 눈이 더 크게 휘둥그레지곤 합니다. 이 물길 따라 조금 거슬러 올라가면, '봄날 질탕하게 논다'는 뜻만으로도 연산군[1476~1506]의 노는 스케일을 짐작케 하는 '탕춘대터'를 지나 '세검정' 정자에 이르지요.

인조반정 때 광해군[1575~1641]의 폐위를 결의한 이들이 여기서 칼을 씻으며 의義를 세웠다고 해서 세검정洗劍亭으로 불렸다고 전해지는 이곳은 조선의 여러 문인들에 의해 시로도 읊어지고, 그림으로도 자주 그려졌던 도성 밖의 명승지 중 한 곳이었습니다.

오래전 세검정의 첫인상은 정자형丁字形의 팔작지붕이 조금 특이해 보일 뿐, 이렇다 할 감흥은 없었습니다. 인조반정 당시의 세검정은 남아 있지 않고 영조 때 다시 지어진 것으로 추정되는데, 그마저도 1941년 화재로 주춧돌 하나만 남긴 채 소실되었지요. 지금의 세검정은 겸재 정선이 그의 말년에 그린 〈세검정도〉를 참고해서 1977년 새로 복원한 것입니다.

육중한 바위 위에 지긋이 눌러앉은 모습은 여전한데, 세상은 옛 그림 속 풍경과 너무도 달라져서 꽃과 나무, 기암절벽이 가득했던 곳은 건물에 가리었고, 솟구쳐 흐르던 계류도 콘크리트 옹벽에 갇힌 채 물웅덩이 사이를 간신히 흘러가고 있습니다. 그러나 바로 옆 난간에 서서 〈세검정도〉 속 풍경을 떠올리다 보면, 그 옛날 큰비가 오면 도성의 사람들이 한달음에 달려와서 신나게 물 구경을 했다던 때의 느낌이 아주 없는 것도 아니었습니다.

무엇보다 세검정 계곡은 『조선왕조실록』을 편찬할 때 '세초洗草'를 하던 중요한 장소였습니다. 세초란 실록이 완성된 후에 중요한 기밀이 새어나가지 않도록 편찬에 사용된 각종 자료를 물로 씻어내는 과정을 말합니다. '한지를 어떻게 물로 씻어내? 흐물흐물해지잖아!' 하며 가졌던 순박한 의문은 종이를 제조하는 관청이었던 인근의 '조지서造紙署'로 물에 잘게 잘게 찢긴 먹물 빠진 종이를 보내 재활용했다는 사실을 알게 되며 말끔히 해소되었지요.

세검정과 차일암

　그러니 맑은 물이 흐르고, 종이를 펼쳐놓기 좋은 널찍한 바위가 많
았던 세검정 일대는 세초의 장소로도, 일찍부터 조지서가 위치하는
데도 아주 안성맞춤인 곳이었습니다. 종이가 귀한 시대이기도 했지
만, 무엇보다 세초를 했던 까닭은 "사초의 유출을 막고 (…) 사초가 남

아 말썽을 야기하거나 정파간의 분쟁에 악용되는 일이 없도록 하기 위해서"였다고 합니다. 실제 사관의 기록은 절대 군주인 왕에 관한 지극히 사적인 내용까지 포함했기 때문에 무소불위의 권력을 휘둘렀던 연산군마저도 "세상에서 무서운 것은 사관뿐이다"라고 말했을 정도였지요.

아무리 왕이라 한들, 이중 삼중의 철통 보안 속에서 일거수일투족이 온종일 기록된다고 생각하면, 적히는 사람도 적는 사람도 스트레스가 이만저만이 아니었을 것입니다. 그런 과정을 거쳐 짧게는 수년, 길게는 수십 년에 이르는 선왕의 방대한 자료들을 모아 편찬하는 일은 상상 이상으로 고된 일이었겠단 생각이 듭니다.

그런 고초를 헤아려 선왕의 실록 작업이 마무리되면 왕은 사관들을 위해 '세초연洗草宴'을 열어주었습니다. 세검정 아래 너럭바위는 바로 세초연이 열리던 장소였지요. 여기에 햇빛을 가리는 차일을 쳤기에 '차일암遮日巖'으로도 불렸는데, 지금도 세검정 아래 너럭바위에는 기둥을 박은 흔적들이 남아 있습니다.

난간 너머로 자동차들이 쌩쌩 지나가고, 건조한 날씨 때문인지 다리 아래를 흐르는 계곡물도 영 시원찮아 보입니다. 그러나 세검정계곡에 얽힌 이야기와 『조선왕조실록』의 편찬과 관련된 세검정의 옛 풍경을 떠올려보면, 어쩐지 복원된 세검정 정자도, 옹색한 제방 아래 층층이 포개진 흰 바위들도 사뭇 달리 보입니다. 때론 풍경보다 의미가 답사하는 발걸음을 뿌듯하게 해줄 때가 있는 거겠지요.

탕춘대성 안의
새로운 풍경들

세검정 삼거리는 언제 보아도 멋진 삼거리입니다. 북한산에서 절묘하게 뻗어 나온 산줄기 하나가 홍제천을 사이에 두고 인왕산과 마주하고, 그 아래를 내부순환로의 고가가 가로질러 지나갑니다. 산은 좁아져 닿을 듯해도 신호를 기다리며 보는 삼거리 풍경에는 어디 하나 답답한 구석이 없습니다. 눈에 띄게 넓어진 홍제천이 오간수문 아래를 천천히 흘러가고, 천변에 붙어 지은 집들, 암반 위로 흐르는 짙은 물빛, 산 중턱까지 들어찬 그림자는 흔히 볼 수 있는 동네 풍경이 아니지요.

탕춘대성의 성곽은 녹음에 가려 잘 보이지 않습니다. 앞에서도 간간이 이야기했지만, 왕조 중반에 일어난 전쟁으로 큰 고초를 겪은 조선은 숙종 때 이르러서 국방에 각별한 노력을 기울였습니다. 허물어진 한양도성을 대대적으로 고쳐 쌓고, 북방의 침략에 대비하기 위해 북한산성의 거의 모든 구간을 축성하게 됩니다.

그러고 나서도 안심하기엔 부족했던지 숙종 44년[1718] 찬반을 둘러싼 많은 갈등에도 불구하고 북한산성과 한양도성 사이에 새로 성곽을 쌓게 되는데, 바로 '탕춘대성'이었습니다. 홍지문은 탕춘대성의 정문이었고, 한성(한양) 북쪽에 있다고 해서 주로 '한북문漢北門'으로 불렸던 것이지요.

홍지문과 오간수문

영조 23년[1747], 주로 수도 외곽의 방어를 담당했던 총융청이 탕춘대 자리로 옮겨지면서 이 일대는 본격적인 군사 주둔지가 되었습니다. 영조는 친히 납시어 무사를 선출하거나 군사훈련 등을 참관했고, 탕춘대라는 이름은 좀 그랬던지, '연융대鍊戎臺'로 고쳐 짓기도 했습니다. 연융대에서 울려 퍼지는 군사들의 함성과 높이 솟은 총융청의 용마루는 모두 축성 이후 달라진 풍경이었습니다.

탕춘대성 축성 이후 다행히도 외적의 침입은 없었지만, 세월은 무심하게 흘러 결국 고종 21년[1884]에 총융청은 폐지되었고, 1921년 홍수로 홍지문과 오간수문도 함께 무너지고 말았습니다. 이후 50여 년 이상 방치되다가 세검정과 같은 해인 1977년에 다시 복원된 것이지요.

하필 수량이 적을 때라 그런가 붉은 물길이 홍예 사이를 겨우 흐르고 있습니다. 물이 자주 차올랐던 탓인지, 거무튀튀한 물때들이 기이한 분위기를 자아내고 있지만, 낮게 곡선을 이루는 홍지문의 문루와 흐트러짐 없이 쌓아 올린 성벽, 그리고 기둥처럼 받치고 있는 다섯 개의 홍예가 그것을 둘러싼 산자락을 비롯한 홍제천 풍경과 어우러져 자문 밖 답사길에 빼놓을 수 없는 장소가 되었습니다.

기운발이 남다른
서울 동네

이쯤 되면 답사 초반의 발랄했던 발걸음도 묵직해지고, 다시 세검정 삼거리로 돌아갈 일이 슬슬 부담스러워집니다. 홍제천 물길을 따라 조금 더 내려가면, 여기까지 온 김에 '보도각백불普渡閣白佛'을 볼 수 있는데, 늘 다음을 기약하며 돌아갔지요.

사실 서울에서의 15년 중 대부분을 서울 동쪽에서 보낸 저에게 홍지문 밖의 서울은 너무 낯설고 먼 곳이었습니다. 이제야 자문 밖 답사의 마지막 여정으로 백불을 만나러 가게 되었으니, 저의 시간도 흐르고 흘러 2020년 봄의 일이었습니다.

백불이 모셔져 있는 곳은 내부순환로의 거대한 구조물이 앞을 턱하니 가로막고 있어 홍제천 물길조차 크게 한 바퀴 돌아 나가야 하는 깊숙한 골짜기입니다. 공식 명칭이 '서울 옥천암 마애보살좌상'이라는 그럴싸한 이름으로 바뀌었어도 동네 사람들에게는 여전히 '보도각 백불'로 불릴 것만 같은 이 불상 앞으로는 기도하는 사람들의 발걸음이 끊이지 않습니다. 널리 중생들을 구제한다는 뜻의 '보도'는 곧 세상의 모든 소리를 본다는 '관세음보살'을 의미한다고 하니 그만한 이유가 있던 것이겠지요.

> 불가에서 흰옷을 걸친 존재는 관세음보살, 이른바 백의관음(白衣觀音)이니 여기 마애불상이 관세음보살임을 알리기 위해 온몸을 하얗게 칠해 흰 옷을 걸친 것을 나타내고 그 때문에 '백불'이란 이름을 얻게 되었으리라.
>
> — 한국문화유산답사회, 『답사여행의 길잡이 15-서울』, 336쪽

뒷산으로 올라가는 다리 위에서 보면 옥천암 일대가 한눈에 펼쳐집니다. 앞뒤로 산이 겹쳐지고, 황톳빛 물길과 기암으로 둘러싸인 풍경

서울 옥천암 마애보살상(보도각백불)

에 마음이 평온해진다거나 안정을 얻는 분위기는 아니었습니다. 게다가 오싹할 정도로 밝고 차가운 호분胡粉으로 채색된 백불까지 더해지니 거센 기운이 사방팔방으로 뻗어 나갔지요. 물론 따사로운 봄 햇살과 산자락마다 핀 노란 개나리들이 기운을 한결 누그러뜨리고 있었지만, 오래된 기도처라면 마땅히 가져야 할 어떤 압도적인 분위기는 백불이 놓인 이 자리 역시 예외가 아니라는 사실을 말해 주는 것 같았습니다.

구름다리에서 사진을 찍는 짧은 순간에도 많은 이들이 백불을 향해 기도를 하고 지나갔습니다. 그 모습이 낯설기도, 신기하기도 했지만, 어쩌면 우리는 매 순간 저렇게 간절한 것들을 소망하며 살아갈 수밖에 없는 존재들인 것 같아 사진을 다 찍고 나서도 한참을 바라보았습니다.

여기서 나고 자랐거나 오랫동안 보고 살았던 이들에게는 뭐 하나 이상할 게 없는 풍경이겠지만, 홍지문 밖의 서울을 모르는 저 같은 사람에게 이곳은 기운발이 남다른 동네였습니다. 허연 암릉을 드러낸 채 가파르게 뻗친 산과 붉게 굽이쳐 흐르는 물, 신비로운 옛 별서터, 거뭇거뭇한 오래된 성벽과 성문, 거기에 두텁게 호분을 바른 백불이 보도각 아래 중생들을 지긋이 응시하는 그 눈빛까지….

자문 밖 물길 따라 마주했던 동네들은 격자형 도시 한복판에서 둔감해질 대로 둔감해져버린 인간 존재로서의 본성을 스멀스멀 일깨워 주었습니다. 백불을 뒤로하고 돌아 나오며 문득 이 동네 어디쯤에서 한 달만 살아봤으면 좋겠다고 생각한 것도 그런 이유에서였습니다. 두통과 만성피로에 시달리는 몸이 신선한 기운으로 채워지면서 북한산 능선을 날다람쥐처럼 오르내리던 청년 시절로 되돌아갈 수 있을 것만 같았으니까요.

자문 밖을 나서며
아쉬움만 가득 남아

다시 세검정 삼거리입니다. 광화문역으로 가는 버스를 타기 전에 잠시 석파랑을 둘러봅니다. 아담하게 꾸며진 정원 한쪽에는 서예가 소전 손재형[1903~1981]이 말년에 작품 활동을 하던 곳이었음을 알리는 표석이 있고, 돌계단을 올라가면 석파정의 별당 한 채가 옮겨와 자리 잡고 있습니다. 중국풍의 장식적 요소가 가미된 별당에는 누가 보아도 명백한 상류층 별당 건축의 정갈함과 세련미가 전해집니다.

앞마당에 서서 잠시 주변을 둘러봅니다. 속 시원히 내려다보이는 건 아니지만, 은행나무 고목 사이로 보이는 것은 자문 밖 풍경이 분명하지요. 석파랑까지 둘러보고 나오니 세검정 쪽에서 내려온 초록 버스가 크게 좌회전을 하며 들어옵니다.

자문 밖에서 백석동길을 지나 백사실로, 거기서 현통사로 내려와 세검정과 홍제천을 따라 굽이굽이 걷는 이 동네를 저는 정말 좋아했습니다. 산은 깊지만, 동네마다 볕이 한가득 들고, 바위와 물길은 여전히 심산유곡의 느낌을 간직해서 산 다니던 시절의 그리움이 까마득하게 남은 곳이기도 했으니까요. 그것을 두고 방금 좌회전한 버스에 올라타면서 언제 또 올지 모른다고 생각하니 아쉬운 마음이 까맣게 밀려옵니다.

조선 후기의 문인이자 화가였던 표암 강세황[1713~1791]이 지인들과 함께 이곳을 찾은 것도 버드나무 꽃이 만개한 1749년의 봄이었습니다. 그들은 자문 밖 봄 풍경에 취해 칠언절구의 긴 시를 남겼는데, 창의문 누각의 빼어난 봄 경치를, 그림 병풍을 친 것 같은 산 아래 탕춘대의 모습을, 층층 바위 위 높이 앉아 굽어보는 세검정을, 그리고 새로 지은 총융청 용마루의 장대한 풍경을 아름다운 시어로 묘사하고 있지요. 한바탕 봄놀이를 마치고 자문 밖을 나서던 그들의 마음은 시의 마지막 구절에 이르러 다음과 같이 기록되어 있습니다.

산을 나서는 마음 아름다운 님과 이별하는 것 같아 出山情似別佳人
헤어질 때 머뭇거리며 다시 돌아보고 그리워하네 臨去遲徊復顧戀
— 강세황, 『표암유고』, 90쪽

붉은 해가 지는 줄도 모르고 온종일 봄놀이에 취한 옛사람들은 차마 떨어지지 않는 발걸음으로 왔던 길을 되돌아갔을 것입니다. 그러고는 그날을 추억하며 자문 밖 봄 풍경을 두고두고 이야기했을 테지요.

파도처럼 밀려드는 추억이란 게 있을 리가요. 이곳을 둘러싼 산과 계곡, 옛사람들의 삶의 흔적으로 남은 동천과 별서, 눈부신 바위와 흩날리던 산벚꽃들, 아이들과 접시에 코를 박고 먹었던 파스타, 석파정 숲길마다 지천이던 길쭉이 도토리, 홍제천 물길 따라 뛰어가던 아이들 뒷모습, 현통사를 내려와 동네 빙수집에서 먹었던 그해 첫 빙수…. 그리고 그런 길들을 걸었던 추억들이 방울방울 남았던 모양입니다.

종종거리던 서울살이 중에서도, 무언가 잡힐 것 같은 심정으로 산을 오가던 시절에도, 시간이 흘러 아이들과 함께했던 몇 번의 답사에서도, 그중 한 번은 괜히 왔다고 투덜대며 실망했을 법도 한데, 단 한 번을 그러지 않았습니다.

자문 밖을 나설 때는 아쉬움만 가득해서 소중한 무언가를 거기 어디다 묻어두고 가는 기분입니다. 그래서 덜컹거리며 달리는 버스가 자하문고개를 넘어 내려갈 즈음이면 저도 모르게 머뭇거리며 다시 돌아보고 그리워하는 것이겠지요.

14 옛 그림과 함께 노닐다가

옥류동천길과 수성동계곡 ————————————————

수성동계곡

자하문고개

박노수미술관

윤동주
하숙터

옥류동천길

대오서점

이상의 집

인왕산

배화여고
생활관

이상범가옥

필운대

홍건익가옥

황학정

어린이도서관

사직동주민센터

단군성전

사직단

경복궁역

광화문

새문안로

서대문

서촌, 어디서부터
시작하시겠습니까?

지금은 주로 '서촌'이라는 이름으로 알려져 있지만, 훨씬 예전에는 효자동이나 청운동, 통인동 같은 동명으로 더 익숙했던 곳이었습니다. 경복궁과 창덕궁 사이, 도시형 한옥들이 밀집한 전통 주거지를 '북촌'으로 통칭하면서 상대적으로 경복궁 서측에 위치한 이곳을 '서촌'으로 부르기 시작한 것으로 알려져 있지요.

인왕산 자락에서 내려오는 경사면을 따라 빼곡하게 들어선 다양한 건축물, 경복궁 돌담길이 만들어내는 고즈넉함, 옛길과 옛 물길의 흔적이 고스란히 남아 있는 골목길들과 그 사이사이에 자리 잡은 한옥들, 그리고 옛사람들이 꽃피웠던 풍류와 예술의 감성이 현재까지도 이어지고 있는 곳이 바로 서촌입니다.

원래 조선의 수도였던 한성부는 도성을 5부(중부, 동부, 서부, 남부, 북부)로 구분하고, 그것을 다시 52개의 방坊으로 나누어 관리했습니다. 방의 개수는 조금씩 달라지기도 했지만, 5부 체계는 훗날 갑오개혁을 통해 바뀌기 전까지 오랫동안 유지되었고, 한양 사람들은 이것을 이웃 마을 이름 부르듯 중촌, 동촌, 서촌, 남촌, 북촌이라고 친근하게 고쳐 불렀습니다.

> 북산北山 밑을 북촌北村, 남산南山 밑을 남촌南村, 낙산駱山 근처를 동촌東村, 서소문西小門 내외를 서촌西村, 장교長橋·수표교水標橋 어름을 중촌中村, 광통교廣通橋 이상을 우대, 효교孝橋 이하를 아래대, 강변江邊을 오강五江, 성 밖 사면 10리 이내를 자내字內라 하야, 동서남북의 네 촌(통칭 왈 사산四山 밑)에는 양반이 살되, 북촌에는 문반, 남촌에 무반이 살엇스며…
>
> —「녜로 보고 지금으로 본 서울 中心勢力의 流動」, 『개벽』, 제48호

신분제 사회였던 조선에서 백성들은 신분과 직분에 따라 사는 곳이 대체로 정해져 있었고, 각 부에 거주하는 이들의 성격도 비교적 분명했습니다. 중촌을 제외하면 모두 내사산에 인접해 있었기 때문에 '사산四山 밑'이라 해서 배산임수를 따지는 양반들이 주로 살았던 것이었지요. 볕이 잘 들고, 물이 잘 빠지는 남향 땅인 데다 궁궐과 관청이 가까운 '북촌'에는 주로 세도가들이, 크게 종로 이남부터 좁게는 남산 기슭의 남산골에 이르는 북향의 땅 '남촌'에는 벼슬 없는 양반이나 무인들이 모여 살았습니다. '동촌'은 낙산 아래 인조1595~1649의 사저였던 어의궁이 있던 어의동 일대, '서촌'은 경복궁 서남쪽의 '삼문三門'(돈의문,

소의문, 숭례문) 일대로 오늘날의 서촌보다 훨씬 더 넓은 지역을 가리 켰습니다.

한양이 계획도시였다 해도 지형, 지세에 따라 자연스럽게 구분된 5부 의 동네들은 때론 겹치거나 혼용되면서 여러 이름으로 불리게 됩니 다. 청계천의 광통교 위쪽은 따로 웃대, 우대, 상촌 등으로 불렸는데, 위쪽 전체가 아니라 경복궁 서측에서 인왕산 기슭에 이르는 일부 지 역을 의미했습니다. 마치 우리가 '강남'이라 할 때 한강 이남의 모든 곳이 아닌 일부만을 좁혀 부르는 것과 마찬가지였지요. 상대적으로 훈련도감이나 하도감 등 군사시설이 있었던 청계천 하류 쪽은 '아랫 대'라 해서 주로 군인이나 하급관리들이 모여 살았습니다.

궁궐과 관청이 가까워서 별감이나 서리, 역관 등 중인들이 주로 모 여 살았던 웃대는 조선 후기가 되면 그들의 문학적 역량과 감성을 바 탕으로 다양한 시사詩社 모임의 중심지가 됩니다. 17세기 중후반, 지 금의 삼청동 일대에서 시작된 시사는 18세기 이후 그 서쪽인 인왕산 의 웃대로 완전히 옮겨가게 되고, 한양을 중심으로 중인계급과 평민들 에 의해 기록된 여항문학의 꽃을 그곳에서 피우게 되었던 것이지요.

당시 그들의 모임 장소나 사는 곳을 가리켜 서촌西村, 서대西臺, 서 원西園, 서사西社라 통칭하며 방향이나 위치 개념으로 서西라는 명칭 이 사용되었습니다. 비록 고유명사처럼 널리 쓰인 것은 아니었지만, 조선 후기 여항 시인 최윤창?~?의 「금지사환金知事換」을 보면 "동촌·서 촌 시단(詩壇) 있어 지난 삼십 년 백전에 취했었지"라는 시구에서처럼 적어도 중인들 사이에서는 인왕산 기슭의 필운대 일대를 서촌이라 부르는 것이 아주 낯선 것만은 아니었음을 추측할 수 있습니다.

그 유래가 어찌 되었건, 서촌은 예나 지금이나 하나의 풍경과 하나의 특색으로 정의될 수 없을 만큼 다채롭다는 것에는 이의가 없을 것입니다. 그러니 이제부터 우리가 찾아갈 서촌에서 중요한 것은 답사를 어디서부터 시작할 것인가, 그 질문의 답을 정하는 것이 되겠지요. 그에 따라 찍힌 사진도, 추억이 되는 풍경도, 너무 좋았던 기억도 제각기 달라질 테니까요.

도성 안 최고의
명승지를 찾아서

도성 안의 물길들은 내사산 기슭을 타고 내려와 개천으로 모이고 지대가 낮은 동쪽으로 흘렀습니다. 그중 경복궁 서쪽에 눈에 띄는 두 개의 물길이 있었는데, 백악의 깊은 계곡에서 발원한 '백운동천'과 인왕산 동쪽에서 발원한 '옥류동천'이었습니다. 특히 옥류동천은 '옥계'라고도 불렸던 인왕산 아랫동네를 흐르던 물길로, 일제강점기에 복개되어 덮인 길의 흔적으로 지금도 남아 있습니다. 바로 우리은행 효자동지점 부근에서 수성동계곡에 이르는 길이 옥류동천의 옛 물길이니, 아마도 서촌 답사의 시작으로 손색이 없을 것입니다.

길에는 아기자기한 가게들이 즐비합니다. 학창시절, 어째서 잘생긴 천재 시인들은 요절하는 거냐며 가슴 아파했던 시인 이상$^{1910~1937}$의 자취도 그가 20여 년을 살았던 집의 일부가 되어 전해지고 있지요. 일제강점기에 이르러 많은 근현대의 문인들과 화가들이 서촌에 거주했거나 거쳐갔으니 확실히 서촌은 예나 지금이나 예술가들에게 어떤 영감을 주는 동네가 아닌가 싶습니다.

서울에서 가장 오래되었다는 작은 서점을 지나 필운대로와 만나는 길목에 서보면 어김없이 서촌만의 정취랄까 분위기랄까 싶은 것들이 느껴집니다. 오래된 것과 새로운 것들이 뒤섞이며 만들어내는 풍경이지요. 원래가 물길이었던 까닭에 길은 느릿하게 구부러지며 이어집니다. 그림 관람은 제쳐두고, 집 구경하느라 바빴던 '박노수구립미술관'과 시인 윤동주가 하숙했던 곳으로 알려진 누상동 집터를 지나면 곧 수성동계곡에 이릅니다.

앞서 보았던 세검정 일대가 도성 밖의 이름난 명승지였다면, 도성 안에서 경치 좋기로 손에 꼽았던 곳이 바로 인왕산 자락이었습니다. 육중한 바위산에서 흘러 내려온 맑은 물과 크고 작은 기암괴석들, 봄이면 만발하는 살구꽃, 복사꽃, 비 온 날이면 골짜기 사이로 긴 그윽한 안개까지…. 옛 지도마다 남아 있는 '옥류동', '청풍계', '백운동', '누각동' 같은 지명만 보더라도 이곳이 얼마나 경치 좋은 곳이었는지 짐작할 수 있을 것입니다.

수성동에서
기린교를 만난 사연

지금은 턱밑까지 들어선 건물들로 숨바꼭질하듯 옛 모습을 가늠해야 하지만, 이곳의 빼어난 풍경은 다행히 옛 화가들의 그림으로 남아 전해지고 있습니다. 그중에서도 '인왕산' 하면 결코 빠질 수 없는 인물이 바로 겸재 정선이지요. 그가 태어난 장동壯洞은 지금의 청운동과 효자동 일대로, 그는 당시 예술가로서는 흔치 않은 84세의 나이로 천수를 누리는 동안 이곳에서 많은 작품을 남겼습니다.

너무 유명해서 모를 수가 없는 〈금강전도〉나 〈인왕제색도〉 정도로만 그를 알고 있지만, 노년에 이르러 장동 일대의 풍경을 여덟 장면으로 그린 두 개의 화첩이 〈장동팔경첩〉이라는 이름으로 남아 있어 여기 인왕산 자락과 수성동계곡을 찾는 우리의 마음을 두근두근하게 만들어줍니다.

그중 간송미술관 소장본인 〈수성동〉이라는 그림이 바로 수성동계곡의 실경을 그린 것이지요. 흔히 산수화 속 인물들은 풍경을 감상하는 이와 동일시되어 한쪽 구석에 있는 듯 없는 듯 그려지기 일쑤인데, 〈수성동〉의 인물들은 한가운데 그려져 있어 그쪽으로 먼저 시선이 집중됩니다.

시동 한 명만 데리고 방금 돌다리를 건너왔을 선비들의 다음 행보가 궁금해져서 몰래 그들의 대화를 엿듣고 싶은 충동마저 일어나지요. 그러고 나서야 깊은 암반 위에 반듯하게 놓인 돌다리가 유난히도 도드라지게 그려져 있음을 눈치채게 됩니다.

> 인왕산 기슭, 넓은 골짜기 깊숙한 곳에 있으니 바로 비해당匪懈堂(안평대군의 호)의 옛 집터이다. 시내가 흐르고 바위가 있는 경치 좋은 곳이 있어서 여름철에 노닐고 구경할 만하고, 다리가 있는데 기린교麒麟橋라 한다.
>
> — 『신증동국여지승람』 제3권, 동국여지비고 제2편, 제택第宅조

아마 겸재도 이곳에 안평대군 옛 집터가 있었다는 사실을 잘 알고 있었을 것입니다. 그의 그림 속 돌다리가 바로 옛 기록에서 전해지던 비해당의 '기린교麒麟橋'였기 때문이지요. 놀라운 것은 우리 눈앞에도 여전히 그 기린교가 놓여 있다는 것입니다.

2009년, 수성동계곡의 제 모습을 되찾기 위해 철거 예정이었던 옥인시범아파트 옆에서 우연히 기린교가 발견된 것은 무척이나 흥미로운 사건이었습니다. 1950년대 찍힌 흑백사진에도 원형대로 남아 있던 기린교는 1971년 9개 동의 옥인시범아파트가 계곡 좌우로 빽빽하게 들어서며 어디론가 사라지게 됩니다. 비록 시멘트에 덧발린 채 무성한 수풀에 가려져 있었지만 2012년, 기린교와 함께 수성동의 옛 그림 속 모습대로 복원되어 돌아왔으니, 펜스 너머 근사한 풍경 하나가 생겼고, 우리에게는 답사하는 즐거움이 하나 더 늘어난 셈이었지요.

수성동계곡과 기린교 (정선, 〈수성동〉 일부 모사)

맑은 물소리에
두통도 씻기어 내려가고

두어 달 만의 답사인데 9월의 한낮은 여름만큼이나 덥습니다. 더운 기운이 목덜미를 타고 묵직하게 몰려온다고 느꼈을 땐 이미 한쪽 머리가 지끈거리기 시작한 후여서 관자놀이를 꾹꾹 누르며 무거운 발걸음을 옮기고 있었습니다.

계곡에 먼저 도착한 아이들이 산책로로 뛰어 올라간 사이, 카메라를 꺼내 후다닥 필요한 사진들을 찍었습니다. 그늘진 곳을 찾아 앉으며 집에 가기 전에 요 앞 편의점에서 두통약이라도 사먹어야겠다고 마음먹던 찰나, 산책로 위쪽으로 올라갔던 아이들이 숲속에 계곡이 있다면서 소리치며 뛰어 내려옵니다.

무슨 소리인가 싶어 아이들을 따라 올라가 보니 넓은 암반 위로 삼삼오오 걸터앉은 사람들이 보입니다. 이미 수성동계곡은 여러 번 와 본 곳이었지만, 공교롭게도 늦가을이나 한겨울에만 왔던 탓에 이렇게 맑은 물이 흐르는 모습은 처음이었습니다. 수량이 많은 곳이 아닌데, 며칠 전 내린 비로 제법 불어난 물이 낭랑하게 흐르고, 세상에, 이 작은 계곡에 다슬기와 물고기도 보입니다. 그들이 놀랄세라 바위 끄트머리에 살그머니 앉으니 물소리, 새소리, 낮게 두런거리는 말소리가 백색소음이 되어 지끈거리는 머리를 가라앉혀줍니다.

이런 곳이라면 무엇을 하든 흥취가 돋고, 기분이 좋아져서 옛사람들도 야연을 즐겼겠지요. 앞에서도 잠시 이야기하였지만, 이곳 옥계 일대에 모여 살던 중인들은 조선 후기에 이르러 여러 시 모임을 통해 이름을 떨치게 되는데, 1786년 송석원 천수경[1758~1818]에 의해 결성된 '옥계시사'는 30여 년이 넘게 이어지며 여항문학의 절정을 맞이하게 됩니다. 천수경의 집터이자 모임 장소였던 송석원에 모인 중인들은 서촌 일대의 명승지를 오가며 여러 시첩과 그림을 남겼는데, 어스름한 달무리 아래서 시를 짓는 그들의 분위기는 단원 김홍도[1745~?]의 〈송석원시사야연도松石圓詩社夜宴圖〉를 통해 단번에 느낄 수 있을 것입니다.

지끈거리던 머리를 겨우 가라앉히고 둘러본 계류는 아까 전까지의 무더위가 무색해질 만큼 청량감으로 가득합니다. 사람들은 가져온 짐들을 한쪽에 치워두고 발만 담근 채 지나가는 여름에 작별인사를 건넵니다. 그러나 계류 아래쪽에서 들려오는 떠들썩한 소리에 가서 보니, 일찌감치 자리를 편 사람들이 먹고 마시며 소란스럽게 노는 모습이 눈살을 찌푸리게 합니다. 조용히 앉아 계시던 어르신께서도 불편하신지 자꾸 옆을 돌아봅니다.

그 모습을 지켜보면서 얼마 전 책에서 보았던, 조선 후기 풍속 화가로 알려진 성협?~?의 작품 〈야연野煙〉을 떠올렸습니다. 이렇게 맑은 계류에서 야연이라니…. 결국 시끄럽던 무리들이 옆에 계신 어르신께 혼쭐이 나는 것으로 저의 상상은 끝이 났지만, 우리는 옛 모습대로 어렵게 복원된 수성동계곡에서 잠시 앉아 발 담그는 것만으로도 마음을 조심스럽게 해야 할 것입니다. 우리가 역사적 장소에서, 또는 그곳을 둘러싸고 있는 자연 속에서 누리는 많은 것들을 떠올려볼 때, 아무 흔적도 소리도 남기지 않고 잠시 머물다 돌아오는 일이 그리 어려운 일이 아님을 알고 있으니까요.

젖은 발을 대충 말리고 일어나 텅 비어 있던 종로09번 마을버스에

수성동계곡 (성협 풍속화 중 〈야연〉 일부 모사)

깡충깡충 올라탑니다. 잠시 후 버스가 사람들을 태운 채 굽이진 골목
길을 내달리기 시작했습니다. 마을버스의 가장 좋은 자리에 앉아 그
새 보송보송하게 마른 발가락을 꼼지락거리는 기분을 옛사람들은 알
런가 모르겠어요.

스토리텔러가 된 풍경
필운대의 봄을 기약하며

지금이야 경복궁역 3번 출구에서 서촌 답사를 시작하지만, 오래전 저에게 서촌의 시작과 끝에는 늘 '사직단'이 있었습니다. 사방으로 세워진 붉은 신문神門 안에서 네모반듯한 제단과 낮은 담이 만들어내는 여백이 좋았습니다. 울창한 나무들에 둘러싸여 적막이 감도는 사직단을 돌아 나와 사직동주민센터 앞에 이르면 길은 백악산을 마주하는 필운대로와 인왕산이 보이는 왼쪽 길로 갈라집니다. 그 가운데 커다란 플라타너스 한 그루가 마을 입구의 당산나무처럼 서서는 어느 길로 갈까 두리번대는 사람들을 내려다보고 있지요.

우리는 배화여자고등학교 가는 왼쪽 길로 방향을 잡았습니다. 부암동 반계 윤웅렬 별서의 '콩떡담'이 동네의 격을 높여주었다면, 교육청 어린이도서관의 사고석 담장 덕분에 배화여자고등학교 가는 길도 정갈하기 이를 데 없습니다. 긴 담장을 따라 걷다 보면 금세 작은 삼거리가 나오고, 거대한 나무들이 드리우는 그늘 밑은 종로05번 마을버스 정류장입니다. 아마도 사대문 안에서 이보다 근사한 마을버스 정류장을 없을 테지요. 버스를 기다리고 있다는 생각조차 잊은 듯한 손님들의 망중한이 삼거리의 한갓진 풍경에 보태지고 있었습니다.

삼거리를 지나 배화여자고등학교 정문에 서면 운동장 끝 오래된 나무들 너머 우뚝 선 백악산과 맨 먼저 눈을 마주치고, '배화여고 생활

종로05번 마을버스 정류장 (김윤겸, 〈필운대〉 일부 모사)

관'이라 이름 붙은 유난히 어여쁜 근대건축물을 지나 별관 뒤쪽으로 올라가면, 서촌 여정의 마지막 장소인 '필운대弼雲臺'가 조금은 쓸쓸한 느낌으로 남아 있습니다. 인왕산 자락의 '옥계'는 한양의 여러 풍물을 관찰하고 기록한 옛 문헌마다 단골손님처럼 등장했던 명승지였고,

특히 옥계 아래 필운대야말로 봄이면 살구꽃이 지천으로 피어나던 최고의 봄놀이 장소였다고 전해지고 있지요.

지금은 이항복[1556~1618]의 글씨로 알려진 필운대 각자와 몇몇 글씨들만 덩그러니 있을 뿐, 수려한 경치는 건물에 가리고, 기암괴석은 낙석 방지를 위한 옹벽으로 덧대져 그윽한 정취는 찾을 길이 없습니다. 그러나 필운대 언덕에서 노니는 선비들과 거기서 내려다본 도성의 환상적인 봄 풍경은 겸재 정선의 〈필운대상춘弼雲臺賞春〉을 보며, 또한 화사한 연분홍 꽃들이 만발한 필운대의 봄 분위기는 송월헌 임득명 [1767~1822]의 〈등고상화登高賞華〉를 보며 마음껏 상상해 볼 수 있을 것입니다.

필운대의 실제 모습을 실감 나게 묘사한 그림으로 겸재 정선보다 한 세대 뒤의 도화서 화원이었던 진재 김윤겸[1711~1775]의 〈필운대〉도 빼놓을 수 없겠지요. 비스듬히 기운 기암괴석, 울창한 소나무, 손 닿을 듯 가까운 백악산의 모습까지 매우 사실적으로 표현되어 있습니다. 아이들과 함께 필운대를 찾아갔을 땐 코로나로 인해 들어갈 수 없었습니다. 학교 정문을 나와 홍건익 가옥과 이상범 가옥으로 가기 위해 발걸음을 돌리는 중에도 아쉬운 마음이 가득했지요.

서촌의 어떤 곳들은 옛 모습으로 복원되어 길을 걷는 우리에게 이곳이 얼마나 매력 넘치는 공간이 될 수 있는지 생생하게 보여주었습니다. 비록 많은 곳이 세월의 변화 속에서 옛 자취를 잃어버리고 희미해졌지만, 다행히 옛사람들이 서촌 곳곳의 풍경을 아름다운 그림으로 그려 전해주고 있으니, 옛 그림과 함께 노닐다가 비슷한 것 같기도 하고 아닌 것 같기도 한 모습을 비교해 보는 것도 서촌 답사의 큰 즐거움이 될 것입니다.

돌이켜보면 일일이 나열하기 어려운 많은 시간을 서촌 어딘가에서 보냈습니다. 홍건익가옥의 작은 한옥 도서관에서도, 화가의 작업실이 부럽기만 했던 이상범가옥에서도 발걸음은 쉬이 떨어지지 않았습니다. 어떤 날은 미술관으로, 어떤 날은 한옥 책방으로, 또 어떤 날은 낯선 골목길로…. 한옥 대문간 사이로 솔솔 풍겨 나오는 짙은 스튜 냄새에 코를 킁킁거리며 서촌의 좁은 골목길을 쏘다녔어요.

서촌은 갈 때마다 늘 다른 표정을 짓던 이상한 동네였습니다. 산수화에 그려진 옛 모습은 옛 모습대로, 지금은 또 지금대로, 때론 오래된 풍경들이 입담 좋은 스토리텔러가 되어 들려주는 이야기들은 언제나 흥미진진했고, 그런 이야기가 또 듣고 싶어 기꺼이 서촌으로 향했던 것이지요.

다음 답사는 서촌의 어디가 될지는 저도 모르겠습니다. 지척에 있는 '칠궁七宮'도 못 가보았고, 왕족이나 양반들이 주로 모여 살았다던 웃대 북쪽의 골목들도 가보지 못한 곳이 많습니다. 그러고 보니 도성 안의 봄놀이 장소로 소문이 자자한 곳이었는데도, 꽃 피는 봄날에 한번을 못 가봤어요. 마스크를 벗고 마음껏 숨을 들이켜도 되는 날, 이왕이면 살구꽃 피는 화사한 봄날의 서촌을 기약해 봅니다. 그때 보게 될 서촌은 또 어떤 표정으로 우릴 맞아줄지 여간 궁금한 게 아닙니다.

15 거기 있어야 비로소 빛나는 것들

인사동길과 공평도시유적전시관 ─────────────────

개발과 보전의 중심에 있던
그때의 인사동

인사동을 생각하면 꿀이 뚝뚝 떨어지던 시절이 떠오릅니다. 필방이나 서화방, 전통찻집 같은 작은 가게들이 세련미 넘치는 갤러리들과 어깨를 맞대며 독특한 가로 경관을 만들어내고, 좁은 골목으로 들어가면 익숙한 메뉴들로 무장한 오래된 한옥 식당들이 즐비했지요. 이제 막 서울에 올라와 역사 환경이나 도시경관에 관한 공부를 하고 있던 저에게 그때의 인사동은 경복궁도, 창덕궁도, 종묘도 제쳐두고 제일 먼저 가봐야 할 '서울 답사의 일번지'였습니다.

선로 위에 쌓인 눈이 다 녹았어도 아직 새 학기의 들뜸이 가라앉지 않았던 어느 날, 저는 인사동에 첫발을 디뎠습니다. 그날의 일이 시시콜콜 기억나지 않지만 이른 봄날이었고, 아마도 근사한 공예품점이나 갤러리의 문을 선뜻 열고 들어가지 못한 채, 그 앞을 어정쩡하게 기웃거렸을 테지요. 그런 서울 구경은 처음이라 마치 신문물에 놀라 입이 쩍 벌어진 개화기 시대의 사람처럼 인사동 골목길을 쏘다녔을 것입니다.

지금은 방문객들로 인산인해를 이루고, 정비사업을 마친 고층 빌딩들이 쭉쭉 뻗어 올라 격세의 감을 느끼게 하지만, 그때의 인사동은 지금과 느낌이 조금 달랐습니다. 길은 자주 공사 중이었고, 벽마다 주렁주렁 달린 표주박과 맷돌 소품으로 꾸며진 전통찻집에서는 사장님이 직접 담근 거라며 시큼털털한 오미자차를 내주셨습니다. 저녁 무렵이면 큰길 안쪽에서부터 파전 냄새를 풍기던 낡은 한옥에는 얼마간 촌스럽고 오래된 것들 특유의 정취가 더욱 깊게 배어 있었지요.

그곳은 서울에서 처음으로 보았던 오래된 길이었습니다. 인사동길 위쪽은 전통 주거지인 북촌으로 이어졌고, 경복궁, 창덕궁, 종묘, 운현궁 같은 중요한 문화재들도 멀리 있지 않았지요. 인사동길 남측과 맞닿은 종각역 주변은 조선 시대 때 사람과 물자가 구름같이 몰려들었다 해서 '운종가雲從街'라 불렸던 핫 플레이스였습니다. 나라에서 쓰이는 각종 그림을 관리했던 '도화서'도 18세기 중엽 광통교 아래로 옮겨지기 전까지는 인사동 바로 지척에 위치해 있었습니다.

일제강점기가 되어 몰락한 왕족과 양반가에서 흘러든 귀중한 서화나 골동품, 고문서 등이 인사동 일대에서 거래되면서 고미술 거리가 형성된 것은 자연스러운 일이었을 것입니다. 거기에 작은 가게들과 한옥까지 더해져 관광명소가 된 인사동에는 많은 사람들이 찾아오게 되었습니다.

그런 매력적인 장소들은 변화의 압력도 함께 겪기 마련이지요. 어

인사동길

쩌면 '보전'과 '개발'이라는 지난한 과정이 여기 인사동에서 시작되었
다는 것은 당연한 일이었는지도 모르겠습니다.

　이른 봄날의 쌀쌀함 속에서 구경하는 데 정신이 팔려 있던 그때의
저는 알지 못했지만, 2001년의 인사동에는 거기 있어야 비로소 빛나

는 것들에 대한 각성이 빗발치고 있었습니다. 넘쳐나는 방문객들의 요구와 변해가는 트렌드에 맞추어 새로움을 모색하려는 움직임, 더불어 인사동만의 고유한 환경과 가치를 어떻게 지켜낼 것인가에 대한 고민이 공존할 수밖에 없었습니다. 일요일 차 없는 거리 시행[1997], 열두 가게 살리기 운동[1999], 문화지구 지정[2001], 인사동 제1종지구단위계획 수립[2002] 등 인사동을 둘러싼 여러 활동과 계획들이 당시 집중적으로 전개된 것도 그러한 이유 때문이었습니다.

제가 갤러리 전창 앞에서 더는 쭈뼛거리지 않고 문을 열고 들어가 제대로 그림을 감상할 수 있게 되기까지, 인사동의 길들도 계속되는 변화의 너울 속에서 어떤 선택을 해야 할지 고민하고 있던 것이었습니다.

공평도시유적전시관과
'공평동 룰'

2018년 가을쯤이었을 거예요. 성북동에 답사를 갔다가 북정마을 너머 성균관대학교 후문에서 종로02번 마을버스를 타고 내려온 적이 있습니다. 그날은 이상하게도 이 먼 데까지 와서 뭐 하는 짓인지 아이들도 저도 무척 힘든 하루였습니다. 마을버스에 멍하니 앉아 있다가 웅성웅성하는 기척에 정신 차려보니 벌써 종각역이었습니다.

거기서 광화문역까지 걸어갈 작정으로 부랴부랴 버스에서 내리니 종로타워 옆으로 한창 마무리 공사 중인 새 빌딩이 눈에 들어왔습니다. 그러다 얼마 전 공평동에 무슨 전시관이 개관되었다는 인터넷 기사를 아주 흥미롭게 읽은 기억이 났던 거예요. 그사이 기분도 풀어지고 이대로 집에 가기 아쉬운 마음에 입구 쪽으로 가보았습니다.

그곳은 공평구역 제1·2·4지구 도시환경정비사업을 시행하며 땅속에 묻혀 있던 매장문화재를 보존하기 위해 지은 '공평도시유적전시관'이었습니다. 전시관을 따로 만들 정도라니, 왕족들이 쓰던 사치품이나 중요한 고문서 같은 게 무더기로 출토되었나 보다 싶을 수도 있겠지만, 발굴조사로 드러난 것은 여러 층위의 골목길과 집터, 질박한 그릇과 깨진 기와 조각, 거울과 화로 같은 일상의 생활 유물들이었습니다.

조선 전기부터 거의 바뀌지 않고 가장 온전하게 남은 16~17세기 골목길 일부와 건물터를 출토된 유물과 함께 복원해 놓은 전시관은 일종의 도시박물관이었습니다. 사실 도심부의 정비사업에서 출토된 유구들의 보존 사례가 없었던 것은 아니지만, 주요 유구의 일부만을 따로 옮겨와 별도의 공간에 전시하는 경우가 대부분이었습니다.

매장문화재를 다루는 용어는 '보존'이 아니라 '보존 조치'다. 매장문화재의 보호는 문화재청장이 '보존 조치'를 명함으로써 시작된다. 보존이 행위 자체라면 보존 조치는 방식과 절차의 문제고 조치 주체의 비용과 책임을 수반한다. 매장문화재의 보존이 자발적으로 진행된 사례는 거의 없었고 (…) 그렇다 보니 보존 조치된 매장문화재가 지상에 자리 잡기까지 민감한 갈등이 지속되는 가운데 저비용의 면피용 의무 시설이 만들어져 왔던 셈이다.

— 서울역사박물관, 『공평도시유적전시관』, 41쪽

지하에 전시관이 들어서면서 원래의 높이보다 다소 아래로 이동되고, 지하층 경계와 설비 시설에 겹치는 건물터 일부가 조금 옮겨지긴 했어도, 공평도시유적전시관은 사업 시행자의 자발적인 참여를 유도하는 동시에 발굴된 유구를 제 위치에 전면 보존 하는 방식을 채택한 첫 번째 사례가 되었고, 이를 '공평동 룰'이라 부르게 되었습니다.

이미 20년 전에도 도심부의 역사적 장소들에 대한 의미와 가치가 재정립되고, 개별적인 문화재 지정을 통한 보호와는 별개로 도시의 역사 환경을 보존하기 위한 논의가 활발히 진행되고 있었습니다. 그러나 이를 실행할 수 있는 법적, 제도적 틀은 견고하게 갖추어지지 않았었지요.

개발에 대한 압력이 다른 어느 곳보다 높은 도심부의 한복판에서 땅속에 묻혀 있던 매장문화재는 고사하고, 문화재 지정이 검토되거나 특별한 관리가 요구되는 유서 깊은 건축물이 밤사이 쥐도 새도 모르게 철거되거나 원인 모를 화재로 사라지는 일은 그리 놀랄 만한 뉴스가 아니었습니다.

공평도시유적전시관

해외 사례를 통해서나 보았던 것을 눈앞에서 보고 있으려니 무척이
나 놀랍고 신기한 기분이 들었습니다. 그사이 많이 변했구나 싶었던
것은 '공평'과 '전시관' 사이에 들어간 '도시유적'이라는 명칭이었어
요. 발굴 과정에서 출토된 중요한 유물들이 이리저리 수습되고 나면

대부분 다시 덮어버리기 일쑤였던 집터나 골목길, 물길 같은 도시 조직의 흔적들, 땅과 터의 형태에도 온전하게 보존해야 할 문화재라는 인식이 오롯이 반영되어 있었기 때문이었습니다.

전동 골목길과
이문안길

전시관은 두 개의 골목길(전동 골목길, 이문안길)과 세 개의 건물터(전동 큰 집, 골목길 ㅁ자 집, 이문안길 작은 집)를 중심으로 복원되었습니다. 에스컬레이터를 타고 스르륵 내려가면 어두컴컴한 조명 아래 복원된 집터와 골목길 풍경이 낯설게 펼쳐집니다.

아무런 정보 없이 들어섰다면 '참 희한한 전시관이로구먼!' 하면서 어리둥절하겠지만, 관람을 마치고 나면 우리는 살면서 단 한 번도 궁금해하지 않았던 '초석礎石'과 '적심석積心石'의 차이를 알게 될 것입니다.

상세한 안내문과 축소 모형이 마련되어 있긴 해도 크고 작은 초석들이 드러난 모습만 가지고서 구체적인 풍경을 떠올리기란 쉽지 않지요. 그러니 이곳에서 필요한 것은 얼마간의 상상력일 것입니다.

사실 역사 환경을 마주하는 일에는 약간의 상상력이 필요할 때가 많습니다. 저는 오래전부터 이런 때를 대비해서 드라마 〈대장금〉 속

한 상궁이 미각을 잃은 장금에게 했던 명대사를 떠올리곤 했지요. "맛을 그리거라!"

민속촌처럼 시시콜콜 재현하며 보여주는 것도 과거를 체험해 보는 재미있는 방법이 되겠지만, 무심코 방 안을 들여다봤다가 먼지가 까맣게 내려앉은 한복 입은 마네킹과 눈이 마주쳐서 화들짝 놀란 적이 있었잖아요.

상상력을 동원해서 저 초석 위로 옛사람들이 살던 집과 그들이 밥 짓고 빨래하고 일하며 하루를 보냈을 일상의 풍경을 그려보는 것, 긴 시간 쌓고 고치고 하였을 돌담 앞으로 오래된 길이 있었고 그 길을 따라 분주히 오가던 사람들의 온갖 일들을 머릿속에 떠올려보는 것이야말로 어쩌면 이곳 전시관에서 우리가 진짜 해야 할 일인지도 모릅니다.

전동 골목길을 지나면 전시관 끝자리에는 돌마다 깨알 같은 번호가 매겨진 석축과 함께 이문안길의 일부가 복원되어 있습니다. 원래 '이문里門'은 마을의 방범과 치안을 위해 큰길가로 이어지는 동네 길목에 세우던 문이었습니다.

이문 안쪽에 있대서 '이문안길'로 불렸던 길의 끝에는 세도가였던 능성 구씨 가옥이 있었습니다. 세조1417~1468가 동생인 영응대군1434~1467의 사위로 구수영1456~1523을 정해주면서 내려준 집이었지요.

구수영의 증손이었던 구사맹1531~1604이 훗날 반정으로 왕위에 오른 인조의 외할아버지였기 때문에 인조는 어린 시절을 외가인 능성 구씨 가옥에서 보냈습니다. 왕이 살던 잠저潛邸였던 까닭에 이문을 세워 순라꾼조차 함부로 드나들지 못하게끔 엄중히 관리했던 것이었습니다.

계단참에 앉아 전시관에서 틀어준 영상을 보고 있었습니다. 훗날 영조가 어린 세손과 함께 이 길을 지나 능성 구씨 가옥으로 행차하던 사연이 영상을 통해 흘러 나왔습니다.

재위 말년의 영조가 선왕들을 추모하던 중 능성 구씨 가옥에 효종의 어필이 남아 있음을 알게 되었고, 어필이 보고 싶다며 능성 구씨 가옥을 찾은 것이었습니다. 1773년 2월 15일, 왕과 세손을 태운 어가가 이문안길에 들어섰을 때, 능성 구씨 가옥에서는 그들을 맞을 준비로 한바탕 난리가 났겠지요.

왕과 세손의 어가 행렬이 떠들썩하게 되돌아가고, 늦은 밤 순라꾼의 그림자조차 보이지 않았을 옛길은 아주 오랜 시간이 지난 후에야 전시관 한쪽 구석에 좁다란 길의 흔적으로 모습을 드러냈습니다.

그 길에 잠시 서보는 것이 대단한 역사 체험이었다고 말할 순 없어도, "세월이 흘러 사람들과 가옥은 사라지고 없지만 이제 발굴로 드러난 석축만이 남아 이들의 이야기를 전하고 있다"던 영상의 마지막 문구가 자꾸만 남아서 우리가 섰던 길의 의미를 아련하게 되새기고 있었습니다.

변화의 너울 속에서
새로워지는 인사동

공평도시유적전시관을 다시 찾은 것은 겨울을 두 번이나 더 보내고 나서였습니다. 그사이 커피숍으로 바뀌긴 했지만, 오랫동안 인사동 가는 길의 이정표가 되어주었던 '동헌필방'의 붉은 건물은 전시관이 위치한 새 빌딩과 마주하며 여전히 묘한 대조를 이루고 있었지요.

지금도 그런지 모르겠지만, 동헌필방에서 인사동 거리로 이어지는 동서 방향의 길을 예전엔 '태화관길'이라 불렀습니다. 종각역을 오갈 때 늘 다니던 길이었지요. 길의 이름이 된 '태화관'은 일제강점기 당시 이름난 요릿집이었던 명월관의 별관이었습니다. 민족 대표 33인이 독립선언서를 낭독한 장소로 알려져 있지만, 기원을 거슬러가면 전시관 영상에서 보았던 능성 구씨 가옥이 바로 태화관의 옛터였지요. 지금 그 자리에는 3·1운동 100주년을 맞아 '3·1독립선언광장'이 조성되어 조선총독부 건물에 쓰였던 낡은 돌기둥 하나만이 가만히 그 뜻을 기리고 있습니다.

거기서 뒤돌아본 길의 모습은 한쪽은 계속해서 낡아지고, 한쪽은 계속해서 새로워지며 우리를 둘러싼 환경의 변화를 실감 나게 보여주고 있었습니다. 우중충한 뒷골목을 비롯하여 깨진 창문, 녹이 슨 배관이 정신 사납게 매달린 낡은 건물들은 사라지고, 그 위에 새로 만들어지는 공간의 쾌적함이란 실로 놀랄 만한 것이었습니다.

태화관터를 돌아 나오며

승동교회 아래 공평제15·16지구에서는 정비계획과 구역 결정을
경축하는 플래카드가 나부끼고 있었고, 2021년 문화재 발굴조사를
통해 훈민정음 창제 당시 표기법이 새겨진 금속활자와 각종 유구들이
무더기로 출토되며 두 번째 '공평동 룰'의 적용을 위한 논의가 일사불

란하게 전개되었습니다.

우리는 태화관터를 지나 차 박물관 쪽으로 걸음을 옮겼습니다. 중고 미술 서적들과 골동 잡화가 늘어선 골목을 빠져나가자, 보행 전용 거리임을 알리는 이동식 표지판 너머로 낯익은 인사동길의 풍경이 펼쳐지고 있었지요. 기억은 길 위를 분주히 오고 가며 지난 추억들을 소환하고 있었지만, 새로운 복합문화공간 앞에서 걸음을 멈추었을 땐 그제야 아까부터 마음 한구석에 미묘하게 일고 있던 것의 실체를 마주할 수 있었습니다.

그것은 더는 인사동에서 묵은 먼지가 켜켜이 쌓인 표주박과 맷돌 장식을, 주인 사장님이 손수 담갔다는 시큼털털한 오미자차를 기대하지 않는다는 것이었습니다. 인사동은 변화하고 있었습니다. 그것은 제가 인사동에 첫발을 내디뎠던 20여 년 전에도 마찬가지였어요. 그 변화가 어디서 와서 어디로 향해 가는지 그때의 저도, 지금의 저도 알 수 없지만, 거기 있어야 비로소 빛나는 것들에 대한 고민이 앞으로도 계속되리란 것은 도저히 모를 수가 없었습니다.

오밀조밀한 한옥 사이로
붐비는 골목길

"엄마, 우리 어디 가는 거야?"

"어, 익선동으로 갈 건데, 어디가 어딘지 모르겠네."

"앗, 엄마! 길치였어?"

"뭔 소리야, 오랜만에 와서 그래!"

아이들과 운현궁 관람을 마치고 나와 덕성여자대학교 캠퍼스와 경운학교 사이 골목으로 들어갔는데, 아무리 길눈 밝은 것을 자부심으로 알고 살았대도 익선동 뒷골목을 어림짐작으로 찾아가기란 무리였나 봅니다. 익선동은 2018년 늦은 봄 잠시 다녀왔는데, 서순라길 답사를 마치고 종로3가역으로 질러가려다가 우연히 들어섰습니다.

그땐 순성이 거의 마무리되고, 틈틈이 한양도성 안의 역사적 장소들을 답사하기 시작할 무렵이어서 익선동이 이렇게 변해 있을 줄은 까맣게 몰랐습니다. 지름길인가 싶어 들어선 어느 건물 옆 골목에서,

다닥다닥 붙어 앉아 연탄불에 구운 고기를 입으로 가져가던 어느 청년과 눈이 마주친 것이었지요. 더 들어가니 무엇을 파는지 모르겠는 이국적인 식당과 카페, 빈티지 상점들이 즐비했는데, 화사하게 차려입은 사람들 사이를 휩쓸려 걷다가 정신을 차렸을 땐 지하철역이었습니다. '앗, 익선동이었어!' 놀란 토끼 눈을 한 엄마를 보고 갸우뚱하는 아이들과 지하철역으로 내려가며 조만간 다시 오자 했는데, 이제야 찾게 되었습니다.

운현궁에서 익선동으로 넘어가는 뒷골목은 오피스빌딩과 상점, 다세대주택이 밀집한 평범한 골목이지만, 이따금 보이는 도시형 한옥들이 이곳의 예전 풍경을 짐작하게 합니다. 배고프다는 아이들 성화에 걸음을 서두르는데, 적당한 곳에서 꺾어 들어가면 될 줄 알았던 익선동은 쉽게 보이지 않습니다. 결국 배터리가 간당간당 남은 스마트폰의 도움으로 조금 전 지나쳐왔던 골목으로 되돌아가니 저만치 길 건너로 익선동이다, 싶은 풍경이 나타납니다.

오밀조밀한 한옥과 두세 사람이 나란히 걸으면 꽉 차버리는 좁은 골목은 쉴 새 없이 밀려드는 인파로 발 디딜 틈 없이 분주합니다. 리모델링된 한옥들은 갖가지 스타일로 꾸며져 새롭고 힙한 스타일에 열광하는 젊은이들의 발걸음을 부추기고 있었지요. 원래 익선동 주변은 '탑골공원'이나 '락희거리', '송해길'처럼 어르신들이 자주 찾는 곳이었고, 이렇게 바뀌기 전까지 우리가 알던 익선동도 백여 년 전쯤 지어진 도시형 한옥들이 밀집해 있던 낡고 오래된 동네였습니다.

편하게 '한옥'이라고 부르고 있지만, 익선동처럼 한양도성 안팎의 오래된 동네에서 자주 보게 되는 '도시형 한옥'은 근대 시기에 지어진 새로운 형태의 주택 유형이었습니다. 부족한 토지 상황에 맞게 작은 규모로, 실용적인 설비를 갖추어 공급된 주택이었지요. 이러한 도시형 한옥이 대량으로 빠르게 등장하게 된 데에는 일제강점기라는 시대 상황에 맞물린 절박한 이유가 있었습니다.

당시 경성의 인구는 조선으로 이주한 일본인들과 상경한 유민들의 증가로 그 수가 기하급수적으로 늘고 있었습니다. 1926년 조선총독부가 경복궁 내로 이전되자, 관청이나 회사들도 총독부 주변으로 옮겨지기 시작했고, 주로 청계천 이남과 남산 일대에 모여 살던 일본인들도 주택지 확보를 핑계로 조선 사람들의 주요 주거지였던 청계천 북측으로 점점 진출하게 됩니다. 조선 사람들은 경쟁에 밀려 헐값에 집을 내놓거나 쫓겨났고, 이는 가뜩이나 심각했던 조선인들의 주택 부족 현상을 부추기게 되었습니다.

> 이처럼 암울한 시대적 분위기에서 조선인 주택수요층을 위한 새로운 조직이 등장하는데, 건양사의 정세권을 위시한 조선인 출신 신흥자본가계층, 근대적 디벨로퍼들이다. 이들은 늘어나는 인구를 볼 때, 주택사업(주택개발 및 운영)이 경제적으로 성공할 수 있다고 보았고, 일부는 민족적 소명을 갖고 사업에 임했다.
>
> — 김경민, 『건축왕, 경성을 만들다』, 39쪽

제가 공부할 때만 해도 도시형 한옥을 설명하는 논문이나 자료에는 '1920~1930년대 소위 집 장사들에 의해 지어진'이란 표현이 단골처럼 등장하곤 했습니다. 하지만 '집 장사'에서 '근대적 디벨로퍼'로의 변화에는 단순히 돈벌이 수단이 아닌, 더 빨리, 더 많은 집을 지어 조선 사람들에게 공급해야 한다는 인식이 반영되어 있었습니다.

특히 당시 '건양사'라는 부동산회사를 설립한 정세권[1888~1965]은 북촌을 비롯한 익선동, 봉익동, 성북동, 명륜동, 창신동 등 조선 사람들이 주로 모여 살던 동네를 중심으로 이러한 도시형 한옥을 대량으로 지어 공급했습니다.

주로 몰락한 왕족이나 양반들의 주택지, 신흥 자본가들의 별장지로 사용되었던 대형 필지를 매입하여 작게 쪼갠 뒤, 10~40평대의 소형 한옥을 지어 중산층이나 서민들에게 분양하거나 세를 놓았습니다. 그래서 도시형 한옥은 우리가 익히 알고 있는 전통 한옥과는 다른 외관을 지니게 되는데, 짧은 시간 안에 많은 한옥을 짓고 낮은 가격으로 팔기 위해 집의 크기는 작아지고, 규격화되면서 ㄱ자, ㄷ자, ㅁ자 형태의 비슷비슷한 외관을 가지게 된 것이었지요.

조선 왕족이자 친일파였던 이해승[1890~?] 소유의 누동궁(익선동 166번지)과 고종의 첫째 아들 완화군의 사저(익선동 33번지)를 정세권이 사들여 소규모 필지로 나누고, 68채의 한옥을 지어 매매 또는 임대한 것이 오늘날 익선동의 시초가 되었습니다. 그러나 도로 안쪽에 자리 잡고 있어 눈에 띄지 않는 데다, 주변이 상업지역으로 빠르게 개발되면

254

익선동 한옥밀집지역

서 노후된 한옥들이 섬처럼 남게 되었습니다. 이후 정비사업이 추진되었지만, 여러 여건상 사업이 취소되면서 지금과 같은 한옥밀집지역으로 탈바꿈하였지요.

지금 익선동에 남아 있는 한옥들은 상업시설로서의 쓰임새 때문에 비교적 자유분방하게 고쳐졌는데, 그 모습이 처음엔 무척이나 낯설고 놀라웠습니다. 무슨 가게인지 언뜻 알아차릴 수 없을 만큼 바뀐 외관도 그랬지만, 과거의 건축 자산을 활용하는 방법도 진화해 간다는 느낌을 받았습니다. 그런 변화에 수반된 문제점들이 없는 것은 아니지만, 처음 지어졌을 때도 퓨전이었으니, 익선동 한옥만큼은 파격적으로 변신할 운명을 타고난 건지도 모르겠습니다.

카메라 셔터를 누르며 사람들 무리에 휩쓸려 이리저리 다니다 보니 길눈이 아무리 밝아도 아이들과 가기로 한 피자집을 찾는 게 여간 고역이 아닙니다. 그렇다고 아무나 붙잡고 길을 묻는 건 서울살이 15년 경력자가 할 일은 아니겠지요. 그들도 모를 테니까. 안 되겠다 싶어 스마트폰 앱을 켜고 가게 위치를 확인하려는 순간 전원이 차르르 꺼져버립니다. 배고프다고 성화인 아이들 얼굴을 흘끗 보니 엄마가 길을 헤매고 있다는 걸 아직은 눈치채지 못한 것 같습니다. 에라 모르겠다 싶은 심정으로 떠밀려가던 중에 동그란 간판 하나가 눈에 들어옵니다. 앗, 저기다! 길눈 밝은 걸 자부심으로 알고 살았던 저는 그제야 아무렇지 않은 듯 한마디합니다.

"거봐! 엄마 길 되게 잘 찾지?"

길눈이 아무리 밝아도
때로 길을 잃을 수 있다

느지막이 나온 길이어서 그런가, 피자를 먹고 나오니 해는 저만치 기울어가고 얼추 집으로 돌아가도 될 시간입니다. 배도 부르겠다, 지하철역도 코앞이라 마음이 흔들렸지만, 해는 아직 떠 있고 여기서 이어지는 옛길들을 조금 더 둘러보고 간대도 괜찮겠지요.

익선동은 위로는 북촌과 운현궁, 창덕궁을 두고, 좌우로는 인사동과 종묘 사이에 긴 오래된 동네입니다. 익선동과 맞닿은 돈화문로는 한양의 옛 지도마다 유난히 굵고 반듯하게 표시된 '왕의 길'이었습니다. 그 길을 따라 실핏줄처럼 연결된 다른 길들이 여기저기로 이어지고 있었지요.

임진왜란 이후 폐허가 된 경복궁이 1865년, 흥선대원군에 의해 재건될 때까지 돈화문로는 줄곧 역사의 중심 무대가 되었던 창덕궁의 돈화문에서 뻗은 옛길입니다. '조선 시대 만들어진 대로 중 유일하게 옛 폭과 구조를 그대로 유지하고 있는 길'이기도 하지요. 그러나 처음 보았던 돈화문로는 플라타너스 가로수가 인상적이었을 뿐, 원도심의 여느 거리와 다를 것이 없었습니다. 중층 규모의 빌딩들이 나란히 선 길은 한산했고, 횡단보도를 건너면서 일부러 돌아보아야 가로수의 소실점에 놓인 돈화문과 눈을 마주칠 수 있었지요.

옛 폭과 구조가 그대로라고는 하나, 자동차들이 쌩쌩 달리는 이 길

권농동 골목길

을 역사적 가로로 인지하기는 어려울 것입니다. 번성한 시전 행랑 뒤 좁은 골목이 왕과 고관대작들의 잦은 행차를 피하기 위해 '피마避馬'의 형태로 남은 옛길이라는 것을, 그 길 너머 보이는 울창한 숲이 선왕들의 위패가 놓인 종묘의 숲이며, 순라꾼들이 밤새 발소리도 내지 않고 걷던 길이 종묘의 담벼락을 따라 이어지고 있었다는 사실을 떠올려야만 그제야 이곳이 옛길들에 둘러싸인 역사적인 장소임을 깨닫게 될 것입니다.

피맛길은 돈화문로 양쪽으로 나란히 선 빌딩들의 이면도로였습니다. 복잡한 건물 배관과 엉킨 전선줄 사이로 드문드문 나타나는 낡은 한옥들이 이 좁디좁은 길을 따라 모여 있지요. 돈화문길 양옆 우리소리박물관과 서울돈화문국악당 부근에서 시작된 피맛길은 종로3가에 가까워질수록 일부는 확장된 골목을 끼고 음식점과 귀금속 가게들이 즐비하게 되었지만, 어쩌다 한두 명 스쳐 가는 사람들만 겨우 만나게 되는 뒷골목 중의 뒷골목이었습니다.

어두컴컴한 피맛길을 따라 걷다가 우연히 한옥 여러 채가 모여 있는 권농동의 어느 골목에 다다랐습니다. 항공사진으로는 보이지 않던 비좁은 길이 처마와 처마 아래 꼭꼭 숨어서 붉은 햇살이 그 틈새만큼 들이치고 있었습니다. 그러니 모양이 똑같은 한옥들이 바늘 하나 꽂을 틈 없이 지어졌을 땐 그곳에 살던 사람들조차 자주 길을 잃어버렸을 테지요. 이 길도 막다른 길이라 돌아 나오고, 그 후로도 갔던 길들을 몇 차례 되돌아 나올 때마다 뚱한 표정을 짓던 아이들에게는 오랜만에 와서 그런 거라며 궁색한 변명을 늘어놓곤 했습니다.

길눈 밝은 사람이 길을 잃을 리가요. 길은 필요에 따라 생기고, 없어지고, 때론 좁혀지고, 넓혀지며 변화해 왔습니다. 그런 와중에도 옛길들은 우리가 알지 못하는 어딘가에서 기어코 우리로 하여금 방향 감각을 잃어버리게 합니다. 시점과 종점이 명시된 분명한 길들은 로드맵의 길 찾기에서나 가능할 뿐, 마우스휠을 아무리 당겨도 보이지 않던 옛길들이 피맛길 뒷골목을 따라 여기저기로 이어지고 있었습니다.

넘어지고 헤맬수록
더 잘 알게 된다

정신 사납게 얽힌 전선줄 사이로 익숙한 한옥 지붕이 보입니다. 그 너머는 '종묘'입니다. 그런 골목을 아무렇게나 걸어보는 것이 우리가 답사하는 이유였으므로, 발길 내키는 대로 아무 골목이나 들어가면 낯선 것과 익숙한 것, 분주함과 적막감이 뒤섞이고, 때론 이상한 냄새가 진동해서 코를 틀어막은 아이들의 원성을 사기 일쑤였습니다.

오래전 순라길을 갔던 날도 그랬습니다. 더는 손쓸 수고를 하지 않는 낡은 풍경들이 어깨를 웅크린 채 잔뜩 숨죽이고 있었지요. 어디를 어떻게 가겠다는 목적이 없었을 뿐, 길을 잃고 싶지 않다는 마음까지 없었던 건 아니었습니다. 그래서였을까. 갔던 길을 몇 번쯤 되돌아 나왔을 땐, 오지 않은 것에 대한 두려움도, 확실하지 않은 것에 대한 답답함도, 낯선 풍경과 함께 희미해졌습니다.

익선동과 돈화문 주변의 옛길들은 그것이 옛길인 줄도 모르고 걷던 길들이었습니다. 너무 좋았다고 떠들 만한 기억이 있을 리 없었지요. 시끌벅적한 곳들을 빠져나와 겨우 한두 사람 지나가는 길을 헤매다 보면 어느새 종묘의 담장에 이르렀습니다.

긴 답사로 지친 아이들이 재잘거리던 입을 다물고, 길 위엔 종묘의 높다란 담장을 넘나드는 새들의 요란스러운 지저귐이 집으로 돌아가라는 신호음처럼 들려왔습니다. 때마침 서쪽으로 기우는 해가 긴 담장을 귤빛으로 물들이면, 그 길을 터벅터벅 걸었던 기억들만 남게 된 것이었지요.

우리가 다시 순라길을 찾았을 땐 보행 환경 개선을 위한 바닥 공사가 한창이었고, 해가 바뀌어 마지막으로 찾아갔을 땐 좁고 울퉁불퉁했던 보행로가 정비되어 한결 산뜻해진 모습이었습니다. 못 보던 카페와 식당들이 조금 더 생겼고, 가로수 몇 그루가 베여나간 것은 아쉬운 일이었으나, 그 덕분에 종묘의 담장은 확실히 눈에 띄게 되었고, 보행자의 편의가 개선된 것은 분명해 보였습니다.

길은 훤해졌고, 더는 길을 찾기 위해 헤맬 필요가 없었습니다. 어쩌면 길은 핑계였는지도…. 돌부리에 걸려 넘어졌을 때도 정작 싫었던 건 아픔보단 창피함이었습니다. 무릎의 상처는 금세 아물었지만, 창피했던 기억은 지겹도록 오래 남아 잘 잊어버리지 못했습니다. 그러

서순라길

나 자주 넘어지다 보면 돌 피하는 법을 조금씩 깨우치게 되지요. 경험
은 무릎에 박힌 흙을 털어낼 때마다 꼭 그만큼씩 쌓였고, 창피함에 홀
쩍대다 주섬주섬 가방을 챙겨 집을 나서면 거기에는 늘 길이 있었습
니다.

우리는 종로3가역을 향해 걸었습니다. 소심해서 먼 나라의 모르는 길은 가지도 못하고 여전히 익숙한 골목을 헤매고 있었지만, 그때의 기억이, 그때의 경험이, 길눈이 아무리 밝은 자라도 길은 잃어버릴 수 있다는 사실을, 그렇게 헤매다가 결국은 가려던 곳으로 가게 되리란 사실을 깨닫게 해주었습니다. 길은 원래 잃어버리지 않고서는 갈 수 없는 거라며, 제게 방향등을 켜주었습니다.

17   그해 겨울 우리가 걸었던

서울광장과 덕수궁 주변 —————————————————

그저 횡단보도 하나를
건넜을 뿐

겨울이라 그런가, 일요일 한낮의 도심은 한산합니다. 저만치 정지 신호에 걸린 자동차들이 꼼짝없이 멈춰 서면 서울도서관과 덕수궁 사이의 넓디넓은 도로가 한순간 텅 비는 때가 오지요. 바로 그때입니다. 횡단보도를 건너며 오른쪽으로 고개를 돌리면 북한산 보현봉 아래 백악산, 그 밑으로 경복궁 근정전의 육중한 팔작지붕과 광화문, 이순신 장군 동상이 양옆으로 사열한 빌딩 사이 늠름하게 드러나고, 재빨리 왼쪽으로 고개를 돌리면 빌딩 숲에 둘러싸인 숭례문이 손에 닿을 듯 말 듯 서 있습니다.

횡단보도 신호가 아직 그대로라면 앞은 덕수궁 정문인 대한문이고, 뒤에는 기묘한 자세로 놓인 서울특별시 구청사와 신청사가, 조금 더 돌아보면 겹겹으로 둘러싼 고층 빌딩 사이로 황궁우皇穹宇 팔각지붕이 삼단 케이크처럼 마주 보일 것입니다. 그저 횡단보도 하나를 건넜을 뿐인데, 시간이 흐른 자리마다 오래된 흔적들이 있고, 매 순간 우리

서울광장과 서울도서관(구 서울시청사)

를 스쳐 가는 시간은 아주 먼 과거에서부터 이어진 것이어서 그 사이
를 걸어가는 사람들의 모습이 역사 속 한 장면처럼 그려집니다.

　신호가 바뀌고 정지해 있던 차들이 일제히 움직이기 시작하면 도시
는 언제 그랬냐는 듯 원래 모습으로 돌아갑니다. 그러나 보행 신호가

점멸하던 순간 전해졌던 과거의 흔적은 숱한 역사의 고비를 지나온 오래된 도시만이 가질 수 있는 다채로운 표정이 되어 곳곳에 새겨져 있습니다.

그해 겨울 우리는 자주 서울광장을 찾았습니다. 평창 동계올림픽을 앞두고 서울광장에 개장된 야외 아이스링크에서 딸아이가 스케이트를 타고 싶어 했기 때문이에요. 오전 강습 시간을 맞추기 위해 서둘러 잠에서 깬 우리는 텅 빈 버스 정류장에서 광역버스를 기다렸습니다. 2호선 지하철로 갈아타고 자리에 앉으면 히터에 데워진 뜨뜻한 공기가 눈꺼풀을 마구 잡아당기고, 까무룩 졸다 깨서 보면 서울도서관과 덕수궁, 오래된 호텔과 빌딩들에 둘러싸인 둥그런 아이스링크가 금세 보였습니다.

화창한 겨울 아침, 제빙차가 매끄럽게 다듬어놓은 새하얀 빙판 위로 강습 나온 아이들이 우르르 들어가버리고 나면, 훈김 뿜으며 스케이트 배우는 아이들 구경에 어른들은 시간이 가는 줄도 몰랐습니다.

사실 저의 진짜 속셈은 강습이 끝나고 서울광장과 덕수궁 주변의 역사적 장소들을 답사하는 것이었습니다. 하루는 덕수궁 돌담을 끼고 정동길을, 다른 날은 서학당길을 굽이돌아 덕수궁길을, 또 길 건너 환구단을 지나 명동이나 남대문로를 걷는 날도 있었지요. 스케이트를 타고 난 뒤라 발가락이 조금 욱신거린 채 찾아간 길들은 겨울의 스산함도, 을씨년스러움도 함께였습니다. 길 위로 격변의 시대를 건너낸 근대 건축물들이 유난히 선명한 모습으로 자리 잡고 있었습니다.

평창 올림픽이 성공적으로 마무리되고, 아이스링크의 울퉁불퉁해진 빙판이 다 녹은 뒤에도 우리는 몇 번 더 그곳을 찾았습니다. 60년 가까이 영국대사관에 막혀 있던 덕수궁 북측 돌담길은 이미 개방되었고, 아관파천 당시 고종이 이용했던 미국대사관저와 선원전터 사이의 샛길도 '고종의 길'이라는 이름으로 복원되어 구러시아공사관으로 바로 이어졌습니다. 덕수궁 함녕전의 정문인 '광명문'이 원래 위치로 이전되고, 오랫동안 빈터로 방치되고 있던 옛 경기여자고등학교 부지도 일제에 의해 훼손되기 이전 경운궁(덕수궁의 옛 이름) 시절의 '선원전'으로 복원될 예정이었지요.

또 한 번의 겨울이 지나고 우리가 영국대사관 정문과 맞닿은 작은 솟을대문을 찾아갔을 땐, 앙상한 숲 사이로 덕수궁의 전각들이 보였습니다. 관목 덤불 속에 숨어 있던 새들이 인기척에 놀라 날아가버리자, 울타리가 쳐진 숲길에는 우리들 걷는 소리뿐이었지요. 아름드리 겨울나무들이 만들어놓은 그림자를 따라 덕수궁 북측 돌담길을 빠져나왔을 땐, 비운의 황제 순종[1874~1926]이 어색한 군복 차림으로 즉위식을 올렸던 '돈덕전'의 재건 공사가 덕수궁의 긴 담장을 따라 이어지고 있었습니다.

역사 이야기를 좋아하는 사람 중에는 아주 먼 과거의 이야기를 좋아하는 사람이 있고, 반대로 가까운 과거의 이야기를 좋아하는 사람도 있습니다. 저는 비교적 후자 쪽인 데다, 무슨 까닭인지 적벽돌과 격자 창문, 아치 기둥에 늘 마음을 빼앗기는 터라, 그해 겨울의 답사는 무척이나 흥미롭고 의미 있는 답사로 기억되었습니다. 비록 국사책으로 배웠던 가까운 과거의 이야기들은 어쩌다 그리되었는지 답답하다 못해 속 터지는 이야기들로 가득했지만, 길은 더할 나위 없이 좋았습니다. 우리 마음속에 길게 남겨지는 것은 해피엔딩보단 새드엔딩 쪽이었으니까요.

스케이트 강습이 끝나고 매점에서 떡볶이와 어묵 국물로 대충 배를 채우고 나서 우리는 아이스링크 울타리 너머 보이는 팔각지붕으로 발걸음을 옮겼습니다. 그해 겨울 우리의 첫 답사지로 손색이 없는 곳이었어요. 환구단터가 지척이었습니다.

제국의 이름은 '대한', 연호는 '광무'

경복궁 건청궁에서 왕후가 시해되는 을미사변이 자행되고, 친일파들로 둘러싸인 궁궐에서 위협을 느낀 고종이 정동 언덕배기의 러시아 공사관으로 피신한 것은 1896년 2월 새벽이었습니다. '아관파천'으로 알려진 이 사건은 학창 시절 단답형으로 달달 외우기만 해서인지, 아니면 궁녀의 옷을 뒤집어쓰고 갔다더라, 몰래 상궁의 가마를 탔다더라, 등등 어디서 주워들은 야사野史 때문인지, 고종을 오밤중에 도망친 왕의 이미지로 기억하게 만들었습니다.

궁지에 내몰린 고종으로서는 절체절명의 순간 마지못했던 선택이었지만, 한편 새 판을 짤 수 있는 절호의 기회이기도 했습니다. 그러나 쌀쌀한 새벽바람을 맞으며 경복궁 영추문을 빠져나와 급히 러시아공사관으로 향하던 그의 기분을 상상하기란 그리 어렵지 않을 것입니다.

비록 타국의 공사관으로 야반도주한 모양새가 되었어도, 자의든 타의든 고종은 이때부터 독립국으로서의 '대한제국'이라는 큰 그림을 그리고 있던 것만은 확실합니다. 친일파 내각을 처단하면서 혼란스러웠던 민심을 수습했고, 줄기차게 경복궁 환궁을 주청하는 대신들을 물리치고 당시 석어당과 즉조당만 남은 작은 별궁이었던 경운궁의 수리를 시작하지요.

고종은 융후가 처참히 시해당한 경복궁으로 다시 돌아갈 생각이 없었습니다. 그는 러시아공사관과 가까웠던 경운궁으로 이어할 마음을 굳히면서 자주독립을 위한 밑그림을 착착 그려나갔습니다. 그리고 아관파천 후 꼭 일 년 만인 1897년 2월, 신식으로 훈련된 호위 군대의 경호를 받으며 고종은 마침내 고대하던 경운궁으로 환궁하게 됩니다.

어린 나이에 아버지의 손에 이끌려 왕위에 오른 뒤 산전수전을 다 겪은 사십 대 중반의 고종에게 그것은 도전이자, 두려운 시작이었을 것입니다. 환구단은 그런 그에게 꼭 필요한 곳이었지요. 더는 외세에 휘둘리지 않는 독립국으로서 정통성을 부여받기 위해 하늘에 제를 올려야 할 장소가 바로 환구단이었습니다.

고종은 경운궁 이어 후 얼마 되지 않아 환구단을 짓기 시작해서

1897년 10월 마침내 그곳에서 황제로서 즉위식을 거행하고, 새 국가의 탄생을 만천하에 선포하게 됩니다. 제국의 이름은 '대한大韓', 연호는 '광무光武', 그가 밤새 숙고했을 국호와 연호의 작명은 어디 하나 나무랄 데가 없었습니다.

우리는 길 건너 환구단터로 향했습니다. 아이들에게는 집에 가는 길에 잠깐 들르는 거라고 슬쩍 말해 두었지요. 정문 옆에 입구가 있는 줄 모르고 빙 돌아서 들어간 환구단터에는 신위를 모시는 부속 건물이었던 황궁우와 고종 황제의 즉위 40주년을 기념하여 만든 석고石鼓 3기, 근대적 분위기를 물씬 풍기는 아치 형태의 삼문三門, 그리고 환구단의 난간 장식에 쓰였을 옛 석물들이 군데군데 남아 있었습니다.

아침나절의 눅눅했던 기운도 사라지고, 오래된 빌딩들로 둘러싸인 환구단터는 조용하고 한적했습니다. 흑백사진으로 전해지는 환구단의 옛 풍경 속에도 황궁우와 삼문의 모습은 선명하게 찍혀 있었지요. 이제 삼문은 호텔로 이어지는 문이 되었지만, 용 두 마리가 정교하게 조각된 답도踏道와 해태 한 쌍이 버티고 선 삼문 밖에서 황궁우를 바라보고 있으니 환구단의 적막한 분위기가 더욱 묵직하게 다가왔습니다.

무엇보다 황궁우 계단의 돌기둥 좌우로 삼엄한 표정을 짓고 있는 돌짐승들이 귀엽기도 하고, 안됐기도 하고…. 부릅뜬 눈과 퉁명스레 드러낸 이빨로 지키지 못할 것은 없을 것만 같은데, 안절부절 어설프게 돌아보는 몸짓이 마치 제국의 운명을 예견하는 것만 같았습니다. 1913년, 일제는 당연한 수순처럼 환구단을 헐어내었고 그 자리에 조

환구단터와 황궁우

선철도호텔이 들어서며 대한제국은 자취를 감추게 됩니다.

　우리가 하루하루를 허투루 보내지 않고 매 순간 애를 써서 얻게 되는 것들이 있습니다. 그것은 너무도 확실한 것들이지요. 그러나 노력이나 의지와 무관하게 맞닥뜨리게 되는 좋은 것, 나쁜 것들은 '운'이라는 모호함으로 우리의 삶을 쥐락펴락 흔들어댑니다. 제국의 종말이 식민지 조선으로 귀결되었다 해서 그것을 국운이 쇠한 탓으로만 치부해 버릴 수는 없겠지요. 그러나 한 개인이나 집단의 애씀만으로는 어찌해 볼 수 없는 거대한 무언가가 무수히 얽힌 원인과 결과를 만들어내며 저만치서 다가오고 있던 것만은 확실해 보였습니다.

대한제국 선포 이후, 완전한 자주독립과 근대국가로의 이행을 꿈꾸며 시행했던 고종 황제의 '광무개혁'은 애초부터 한계를 드러냈고, 공들여 지은 경운궁도 원인이 석연치 않은 화재로 반토막이 됩니다. 결정적으로 1904년 러일전쟁에서 승기를 잡은 일본이 조선에 대한 정치적 지배권을 확정하면서 이듬해 1905년 '을사늑약'이 체결, 1906년 식민통치를 위한 준비 기관인 '통감부' 설치, 1907년 고종 황제 폐위, 그 이후 1910년 강제 병합으로 이어지게 됩니다.

그 13년간은 고종황제의 꿈과 노력이 절망과 불운으로 뒤섞인 나날들이었습니다. 그러나 대한제국이라는 이름이 '구한말'이나 '조선 말'로 대체될 만큼 가치 없는 것은 아니었습니다. 서울광장과 덕수궁 주변에는 짧지만 격렬했던 제국의 흔적들이 생생히 남아 있고, 그곳에는 외세의 강압에서 벗어나 당당한 독립 국가로 일어서고자 했던 노력이 깊이 배어 있으니까요.

몇몇 사람들이 테이크아웃 커피를 마시며 환구단터를 지나갔지만, 흘끗 쳐다볼 뿐 머무르지 않았습니다. 우리도 소공동을 지나 명동으로 갈 참이었습니다. 새로운 나라를 희망하며 황제가 되었음을 고했

던 자리에는 좌절됐을지언정 차마 말로 하지 못할 간절함이 역사의
풍경이 되어 둥그렇게 남아 있었습니다. 저는 어쩐지 그런 분위기에
마음이 쓰여 먼발치서 한번 뒤돌아보았던 것이었지요.

'경운궁'은 그렇게
'덕수궁'이 되었습니다

경운궁에서 일어난 두 번의 화재는 단지 '운'이 나빴기 때문이었을
까. 고종 황제는 사력을 다해 경운궁을 복구했습니다. 1900년 선원전
화재 때만 해도 보관 중인 어진御眞들이 소실되는 안타까움이야 차치
하더라도, 1901년 선원전을 옛 경기여자고등학교 자리로 옮겨 새로
짓게 하고, 이참에 법궁으로서 격식을 갖추기 위해 꼭 필요했던 '중화
전' 공사를 바로 시작했으니 이것을 두고 전화위복이라 하는 것이겠
지요.

1902년 중층 규모의 중화전이 완공되었을 때는 경운궁 내의 양관
들도 거의 다 지어지고, 불탄 선원전 자리에는 근대식 궁궐로서 서양
식 외관에 웅장한 규모까지 갖춘 '석조전' 공사가 한창이었습니다. 유
홍준은 그의 답사기에서 당시 상황을 강렬한 한 문장으로 표현하고
있습니다.

"이때가 경운궁의 전성기였다."

그러나 1904년 4월 한밤중에 고종의 처소인 '함녕전'에서 일어난 두 번째 화재는 상황이 전혀 달랐습니다. 온돌을 수리하다 그랬다, 의도된 방화다, 이 중 무엇이 진실인지는 모르지만 함녕전에서 시작된 이 화재로 중화전을 비롯해 경운궁의 뿌리라 할 수 있는 즉조당과 석어당, 그리고 경효전, 흠문각, 준명당 등 대부분이 불타고, 각종 문서와 중요한 사료들, 황실 가구는 물론이고 귀중품까지 모두 타버리고 말았습니다. 고종 황제는 황실 서재로 지었던 '수옥헌'으로 급히 처소를 옮겼고, 화재 이튿날 '경운궁 중건도감'이 설치되며 경운궁은 바로 복구 공사에 돌입하게 됩니다.

지금 우리가 덕수궁에서 보게 되는 대부분의 궁궐 건축물은 그때 다시 지어진 것들인데, 여의치 않은 황실 재정으로 원래 모습대로 복구하지 못한 중화전은 쇠락해 가는 대한제국의 상징처럼 단층 건물로 축소되어 지어지게 되지요. 1906년 12월 경운궁 복구 공사는 얼추 마무리되었지만, 대한제국은 이미 거센 바람 앞의 촛불처럼 언제 스러질지 모를 상황으로 치닫고 있었습니다.

경운궁이 복구되는 3년 동안 고종 황제가 머물렀던 수옥헌은 임시 거처라 해도 황제의 처소였기 때문에 훗날 '중명전'이라는 이름으로 변경됩니다. 그저 '수옥헌'이라는 어여쁜 이름으로 남았으면 좋았을 텐데…. 고종 황제의 동의 없이 1905년 11월 중명전에서 체결된 '을

중명전

사늑약'으로 인해 대한제국은 독립 국가라면 마땅히 가져야 할 외교
권을 박탈당하고, 일제는 식민통치를 위한 실질적인 물밑 작업에 박
차를 가하게 되지요.

　을사늑약의 부당함을 알리고자 고종 황제는 1907년 4월 '만국평

화회의'가 열리고 있던 헤이그로 4인의 밀사를 파견하지만 실패하고, 조약을 위반했다며 갖은 비난과 위협을 일삼던 일제와 이완용, 송병준 등 친일파 대신들에 의해 끈질긴 양위 요구를 받게 됩니다. 거듭된 거부 의사에도 불구하고 그해 7월 고종 황제도, 양위받을 순종도 참석하지 않은 양위식이 중화전에서 거행되고, 고작 4일 후 이완용은 순종의 재가를 받아 사실상의 주권 상실이라 할 수 있는 '정미7조약'을 체결합니다. 그리고 다음 달 8월 돈덕전에서 순종이 황제로 즉위하게 됩니다.

모든 것이 일제와 친일파들에 의해 미리 짜놓은 각본처럼 일사천리로 진행되었습니다. 고종은 허울뿐인 태황제가 되어 자신의 처소였던 경운궁 함녕전에 남게 되고, 1907년 11월 고종의 영향력이 닿지 않게끔 창덕궁으로 이어하게 된 순종 황제는 그의 아버지가 덕을 누리며 장수하기를 기원하는 의미에서 '덕수德壽'라는 궁호를 올립니다. '경운궁'은 그렇게 '덕수궁'이 되었습니다.

중명전에 머무르는 동안 그에게 닥친 일련의 사건들은 한 나라의 운명을 결정짓는 도화선이 되었지만, 고종 황제 개인으로서도 절벽 끝까지 내몰렸던 불운의 시간이었습니다. 1910년 8월 강제 병합이 공식적으로 선포되고, 대한제국의 태황제에서 이왕가李王家의 이태왕李太王으로 강등되었을 때, 함녕전 동온돌에 남은 그는 중명전에서 보낸 날들을 되돌아보며 어떤 회한에 잠겼을까요.

중명전은 고종 황제 서거 후 덕수궁이 의도적으로 해체되는 와중에도 살아남아 질곡의 한 세기를 지나왔습니다. 일제강점기 사교클럽(경성구락부)으로 쓰이던 중 화재로 외벽만 남은 것을 다시 고쳐 지었으나, 해방 후 민간에 매각되면서 원형의 모습을 상당 부분 잃게 됩니다. 다행히 문화재청에서 매입하여 덕수궁 영역에 포함되었고, 지금은 대한제국 당시의 모습으로 복원되어 전시관으로 활용되고 있습니다.

덕분에 그곳에 중명전이 있는지도 몰랐던 저도 아이들과 뜻깊은 시간을 보낼 수 있었습니다. 고종 황제와 고난의 시절을 함께한 중명전에는 그가 좋아했다던 향기로운 가배咖啡와 책 내음 대신 제국의 운명을 갈기갈기 찢어놓은 온갖 조약들이 난무하고 있었습니다. 그래서였을까. 실내화를 제자리에 두고 돌아 나올 때는 짙은 주홍빛 벽돌이 아름다운 곡선을 이루던 아치 기둥 사이로 여전히 고종 황제의 깊은 한숨 소리가 들려오는 것만 같았습니다.

정동 로터리에서
돌담길로

덕수궁의 돌담길은 어느 계절에 걸어도 좋을 아름다운 길입니다. 궁궐의 높은 담장쯤은 별것 아니라는 듯 훌쩍 자란 나무들과 좌우로 늘어선 가로수들이 운치를 더하고, 빛바랜 돌담을 배경으로 걷는 사람들까지 언제나 그윽한 분위기가 전해지지요. 담을 따라 완만하게 굽이졌던 길은 정동로터리와 만나면서 나누어집니다. 서울시립미술관(옛 독일공사관)으로 가는 작은 샛길까지 더하면 다섯 갈래 길이지요. 그해 겨울 우리는 스케이트를 타러 가는 척하며 서울광장과 덕수궁 주변의 많은 곳들을 하나하나 답사하고 돌아왔습니다.

'경운궁 양이재'와 '대한성공회 주교좌성당'의 안마당에는 드문드문 녹지 않은 눈들이 쌓여 있었고, 서학당길을 돌아 나와 본 '구세군중앙회관'(현 정동1928 아트센터)은 아직 복합문화공간으로 거듭나기 전이어서 오랜만에 보는 구세군 냄비가 반갑게 놓여 있었습니다.

배재학당의 설립자이자 미국인 선교사 아펜젤러[1858~1902]의 삶과 흔적이 밴 '배재학당 역사박물관'과 개화기 여성들의 치열했던 삶의 자취를 엿볼 수 있는 '이화여고 심슨기념관'도 빼놓을 수 없었지요. 어느 길로 가든, 어느 길로 오든, 정동로터리 어디쯤에서 한 번은 스치고 지나갔을 것이고, 어디로 가든, 어디서 오든 그리 오랜 시간이 걸리지 않았습니다.

겨울이었어도 아주 춥지는 않아서 우리는 정동로터리가 한눈에 보이는 화단에 걸터앉아 마침 오리협회에서 소비 촉진을 장려하기 위해 무료로 나눠주고 있던 오리고기를 먹고 있던 참이었습니다. 푸드 트럭 앞에는 슬금슬금 긴 줄이 생기기 시작했지요. 눈 깜짝할 사이에 먹어 치운 아이들이 한 번 더 줄을 서겠다며 쪼르르 달려 나가고, 저는 빈 컵을 손에 들고 그런 풍경들을 바라보았습니다.

손을 꼭 잡고 걸어가는 다정한 이들, 돌담을 배경으로 기념 촬영에 열중하는 가족들, 산뜻한 스웨터를 걸친 겨울나무와 그 사이를 오가는 또다른 사람들, '정동제일교회'의 검소한 빅토리아풍 종탑, 그리고 아직 눈 녹은 물이 마르지 않아 더욱 짙어 보이는 적갈색의 길….

김이 모락모락 나는 오리고기를 다시 받아 들고 땡잡은 표정으로 달려오는 아이들을 보고 있으니 역사의 비장한 것들, 아쉬운 것들, 지나간 것들은 이 길 어딘가로 다 숨어버리고, 그런 느낌만 남게 되었습니다. 아이들에게 "답사한 것 중에 뭐가 제일 좋았어?"라고 물으면, "오리고기 먹은 거!"라고 대답할 게 분명했지만, 우리가 고종 황제의 웃음소리와 한숨 소리를 따라 걸으며 마주했던 많은 근대 건축물, 장소들, 길들이 오리고기 하나로 귀결된다 해도 충분히 괜찮을 것 같았습니다.

무엇보다 정동에는 대한제국 시절의 경운궁으로 돌아가기 위한 변화가 곳곳에서 진행되고 있었습니다. 지금의 변화는 높다란 가림막으로 가려진 공사 현장에서 우리가 납득할 만한 방식으로 이루어지고 있었지만, 암만 생각해도 120년 전 이 길을 걸었던 사람들이 겪어야 했을 변화는 도무지 상상조차 할 수 없는 그런 것이었습니다. 비록 그러한 격변과 혼란의 시대가 남겨놓은 역사의 흔적들이 아이러니하게도 아름답고 낭만적인 근대의 풍경이 되어 전해지고 있었지만 말이지요.

고기만 홀랑 건져 먹고 아이들이 남겨놓은 피망 몇 가닥을 입에 넣으며 자리를 털고 일어섰습니다. 권혁웅 시인은 그의 시 「꽃잎과 담장」에서 "담장을 끼고 걷다 보면 휘어진 길 저쪽에서, 누군가, 오래전부터 날 기다리고 있었다는 생각이 든다"고 했지요. 담장을 끼고 휘어진 길 저쪽에서 우리를 기다리는 것이 무엇인지는 알 수 없었지만, 가지를 드러낸 겨울나무 사이로 덕수궁의 돌담길이 이어지고 있었습니다. 그 풍경이 너무 따뜻해서 코끝을 스쳐 가는 겨울바람조차 차갑지 않았던 그해 겨울 우리는 돌담길을 따라 느릿느릿 걸음을 옮겼습니다.

덕수궁 돌담길

18 기억에 관하여 쓰다

가회동 31번지 ―――――――――――――

나의 T자형 골목

유년과 청년 시절을 보냈던 곳은 그리 높지도 낮지도 않은 산들로 둘러싸인 지방 도시였습니다. 수년 전 인접 지역과 통합되면서 시역은 서울보다 커졌고, 인구도 제가 살던 때와는 비교할 수 없을 만큼 늘었지만, '국민학교' 5학년쯤 큰 사거리 너머 낡은 아파트로 이사 가기 전까지 살았던 동네는 T자형 골목과 함께 도시도, 시골도 아닌 어중간한 모습으로 유년 시절의 배경을 이루고 있었습니다.

동네의 길들은 큰길로 나가지 않는 이상 죄다 흙바닥이었고, 작대기로 땅바닥에 그림을 그리고 있으면 어디선가 슬금슬금 모여든 동네 아이들과 몰려다니며 느리게 흘러가는 시간을 견뎌냈지요. 심심함에 몸을 비비 꼬던 아이들 중에 나이 많은 친구들이 한둘 끼어 있는 날에는 그들의 주동으로 제법 먼 곳까지 나갔다가 저녁나절이 다 돼서 돌아와도 누구 하나 걱정하는 이가 없던 시절이었습니다.

아무리 큰 아이들이 있었다 해도 저 너머 이웃 동네의 경계는 우리가 갈 수 있는 세상의 끝이었어요. 거기엔 아가리를 벌린 용 대신 잡목 우거진 야산과 작은 방죽, 배수로 따위가 있었고, 군데군데 빈 집터마다 무성한 잡풀들을 헤치면, 기척에 놀란 메뚜기나 방아깨비, 사마귀 따위가 마치 생태 동화의 한 장면처럼 날아올랐습니다.

T자형 골목에서의 하루는 그다지 낭만적이지 않았습니다. 그저 하루가 오고, 또 하루가 가면서 키는 콩나물처럼 자랐고, 친하지도 않으면서 몰려다니던 그 애들도 하나둘 보이지 않게 되었습니다. 딱히 행복한 것도, 불행한 것도 아니었던 그때의 일들이 다른 어디에서 겪은 일보다 생생하게 기억되는 것은 왜였을까요.

아마도 T자형 골목에서의 기억이 제게는 첫 기억이었고, 비슷비슷한 이층집들에 둘러싸인 그곳은 일이 바쁜 부모들에게 곧잘 방치되곤 했던 어린아이들에게 어떤 안정감을 주었을 것입니다. 골목마다 심어진 토란대나 상추, 강낭콩, 맨드라미 따위가 제게는 '위대한 자연'이었고, 그 속에서 분주한 생명을 이어가던 개미나 꿀벌, 나비 들은 '동물의 왕국'이 되어 제게 잊을 수 없는 유년의 기억이 된 것이겠지요.

한 사람의 생애에 영향을 끼치는 무수히 많은 것 중에는 삶의 배경을 이루는 공간의 기억이 있습니다. 그것은 스스로 선택할 수 있게 되기까지 무작위로 스며드는 면이 있기에, 살아가는 동안 자의든 타의든 몇 번의 전환점을 맞이하게 됩니다.

서울은 이십 대 중반에 부모로부터의 독립과 함께 제가 선택한 첫 번째 공간이었고, 많고 많은 서울의 공간 중에서 유독 오래된 것들로 둘러싸인 풍경에 이끌렸던 건 어쩌면 어린 시절 느꼈던 그런 느낌과 경험들이 제가 알지 못하는 방식으로 제 안의 무언가를 일깨웠기 때문인지도 모릅니다.

그러니 유년 시절 T자형 골목 이후, 저를 강렬하게 이끌었던 몇몇 공간의 기억들은 하나하나가 제게는 인생의 전환점에서 마주했던 세상의 모습이었습니다. 그것은 얼핏 보면 카메라에 찍힌 흔한 풍경 사진과 다를 바 없었으나, 실상은 한 사람의 삶의 방향과 무관할 수 없는 결정적 장면이 되어주었던 것이었습니다.

낡은 한옥 너머로
보았던 서울

이제 수도 서울에 살게 되었으니 명소들을 찾아 구경이나 좀 다녀볼까 했던 건 아니었습니다. 서울에 온 지 겨우 서너 달 된 제가 경복궁과 창덕궁 사이, 양지바른 언덕바지의 이 동네를 알 리가 없었지요. 학기가 시작되고 수업을 들으며 도시의 오래된 장소들이 겪는 갈등, 그리고 그곳을 보전하기 위한 여러 활동에 대해 듣고 배우게 되었습니다. 인사동이나 가회동이 자주 언급되었고, 어떤 곳인지 궁금증은 둘째 치고 수업을 제대로 이해하기 위해서라도 꼭 가봐야 할 곳이었지요. A4 종이에 출력한 지도를 가방에 접어 넣고 휘경동 자취 집을 나선 건 2001년 4월의 어느 토요일이었습니다.

지금은 누구나 '북촌'이라는 지명에 익숙하지만, 그때는 한옥들이 밀집한 골목을 '가회동 31번지'나 '가회동 11번지'와 같은 동명과 지번으로 특정하여 불렀습니다. 사실 북촌이라고 해도 그 안에는 가회동을 비롯해서 삼청동, 계동, 재동, 원서동, 사간동, 안국동 등 비슷한 듯 다른 동네들이 이웃하고 있었지요.

그중 가회동 31번지가 유명했던 건 백악산에서 뻗어 내려온 비탈면 위에 도시형 한옥과 오래된 골목들이 독특한 주거지 경관을 만들어내고 있었기 때문이었습니다.

한양도성 안팎으로 지어진 수많은 도시형 한옥들이 1960~1970년대의 도시화 과정에서 빠르게 사라져갔지만, 북촌은 두 궁궐 사이에 남은 전통주거지라는 인식과 함께 보전정책이 시도되면서 급격한 멸실을 막을 수 있던 것이었지요. ㄱ자, ㄷ자, ㅁ자 형태로 다닥다닥 붙어지은 북촌의 도시형 한옥들은 한 채 한 채가 건축적, 생활사적으로 큰 의미를 가지고 있었습니다. 한편 그것이 집단으로 모여 만들어내는 도시경관적 가치와 중요성이 재조명되면서 한옥의 보존에 대한 논의가 활발하게 전개되었습니다.

그러나 그러한 과정이 쉽게 이루어진 것은 아니었습니다. 1960년대 후반 강남 개발로 이전된 학교 부지에 공공건축물이나 기업 사옥이 들어서면서 시작된 변화는 지속적인 한옥의 멸실과 역사 경관의 훼손으로 이어졌습니다. 거기에 공공 주도의 일방향적인 정책들은 주민들과의 마찰을 불러일으켰고, 결정적으로 1990년대 시행된 일시

한옥 너머로 보이는 시가지 풍경

적인 규제 완화는 본격적인 한옥 철거와 함께 다세대주택의 난개발을 초래하게 되었습니다.

이러한 문제의식과 위기감으로 한옥의 유지와 관리에 필요한 비용의 일부를 지원하는 한옥등록제를 시행하고, 공공 환경의 정비 등을 골자로 한 '북촌가꾸기 기본계획'을 수립하게 된 것이 바로 2001년도 였습니다.

꾸깃꾸깃한 지도 한 장을 들고 가회동을 처음 찾아갔던 2001년 봄날의 하루가 선명하게 기억나지는 않습니다. 그저 군데군데 낡은 한옥들이 모여 어디서 본 듯한 분위기를 만들어내고 있었지요. 헌법재판소를 지나 좁은 골목으로 들어섰을 땐 지도에 애써 표시해 둔 화살표를 찾아볼 필요도 없었습니다. 가회동 31번지에 이르러 길의 너비가 이와 비슷하다는 것 외에 공통점이라고는 없던 T자형 골목에서의 일들을 떠올렸던 것도 그래서였을 것입니다.

그리고 주저앉을 듯 낡은 한옥 너머로 보이던 풍경은 서울이라는 도시에 사는 동안 기억해야 할 것이란 바로 이것이라는 메시지가 되어 전해졌습니다. 저는 그것을 어느 댁 계단참에 쭈그려 앉아 스케치로 남겨 놓았습니다. 어쩌면 그때 그렸던 어설픈 스케치 한 장이 저를 다시 이곳으로 오게 한 건지도 모르겠습니다. 그것은 한 도시의 과거와 현재를 가로지르는 역사적 장소로서의 의미 이전에, 한 개인이 인생의 전환점에서 마주한 결정적 장면이 되어 기억 속에 남게 되었습니다.

걷다 보면 익숙한 그곳,
가회동 31번지

그날은 아이들과 성북동 한양도성 답사를 마치고 성균관대학교 후문에서 마을버스를 타고 내려오던 길이었습니다. 오랜만이기도 했지만, 차창 밖으로 보이던 북촌이 무척 낯설게 느껴졌습니다. 북촌에 왔던 게 언제였더라, 아무리 생각해 봐도 회사 다닐 때 프로젝트를 하며 오갔을 때의 기억 이후로 변변히 떠오르는 게 없었습니다. 그게 십여 년쯤 전의 일이니 그사이 몇 번은 더 다녀갔을 텐데도, 뭔가 기억에 남겨둘 만한 일이 없었던 모양입니다.

마을버스 창밖으로 스쳐 지나며 본 것이었지만, 아무리 날씨 좋은 주말이었다 해도 너무 많은 인파에 눈이 휘둥그레질 따름이었습니다. 정차한 관광버스에서 단체 관광객들이 끝없이 쏟아져 나오고, 못 보던 가게들 사이로 무리를 지은 사람들이 지나가고 있었지요. 그날은 어리둥절하며 집으로 돌아왔지만, 아이들과의 순성을 한 주 쉬기로 한 날, 북촌으로 향했습니다. 정말 오랜만이었어요. 혼자 북촌에 가는 것이….

수문장 교대식이 열리고 있던 광화문 앞과 광화문광장은 그야말로 인산인해였습니다. 경복궁의 긴 담장을 따라 사람들이 쉴 새 없이 지나가고, 동십자각 앞 횡단보도 건너편에는 방금 한복으로 갈아입고 나왔을 관광객들이 신호가 떨어지기를 기다리며 무척이나 들뜬 표정

가회동 어느 골목에서

으로 서 있었습니다. 그야말로 쨍한 가을 햇살 속에서 한복 위에 새겨진 금박, 은박 들이 눈부신 반사광을 펑! 펑! 터트리던 오후였지요.

저는 어디를 어떻게 가겠다는 생각 없이 그냥 걸었습니다. 사실 어디를 어떻게 갈지 걱정할 일은 아니었어요. 오랜만에 왔지만 북촌을 걷는 길은 정해져 있었습니다. 어느 길로 가든 상관없기에 한 번은 다른 길로 갈 만도 한데, 걷다 보면 늘 가던 길이었으니까요.

정독도서관 옹벽을 끼고 길이 좁아지고 나서야 인적도 뜸해지고, 저도 걸음을 한 박자 늦춰 걸을 수 있었습니다. 연거푸 ㄱ자로 꺾어지는 좁은 골목, 옹벽의 빈틈 사이를 헤집고 핀 작은 풀꽃 뭉치들, 궁궐에 보낼 과일과 화초를 관리했던 장원사터 표석, 그리고 가을빛으로 채워진 복정우물터와 코리아 목욕탕의 높은 굴뚝…. 그 길을 따라가면 정확히 몇 번째 골목이라 말은 못 해도 길은 늘 가회동 그곳에 가서 닿았습니다.

몇 번째 골목에는 무슨 놀이라도 하는지 아이들의 깔깔거리는 웃음소리가 가득했습니다. 그들은 골목 안을 한참 동안 시끌벅적하게 만들어놓고는 선생님을 따라 어디론가 가버렸습니다. 그러나 아이들이 그냥 사라진 것은 아니었습니다. 아쉬운 건지 다행인 건지, 그게 좋았던 건지 모를 그런 것들이 정적만 남은 골목 언저리에 그대로 남아 있었습니다. 이를테면 차가운 시멘트 냄새가 풀풀 풍기던 전봇대에 이마를 맞대고서 지루한 줄도 모르고 무궁화 꽃을 피워대던 날들의 기억 같은 것….

가회동 31번지는 경사진 골목을 따라 서울의 대표 명소답게 많은 사람으로 북적이고 있었습니다. 멋진 배경이 가려지지 않도록 요리조리 카메라 앵글을 맞추는 사람들도, 그들의 사진에 찍히지 않기 위해 이리저리 비켜 지나가는 이들도 서로 애를 쓰기는 마찬가지였지요.

낡은 한옥들은 고쳐졌고, 우중충했던 골목도 말끔하게 정비되었지만, 작고 네모난 마당이 보이는 마루에 앉아 주말 한낮의 여유를 누리기는 어려울 것 같았습니다. 누군가의 삶의 배경이 다른 누군가의 사진 속 배경이 되어가는 사이 한옥 너머의 서울 풍경은 더욱 분주해졌고, 저도 거기 있었습니다만, 오가는 발걸음이 쉬이 멈출 것 같지 않았기 때문이었습니다.

기억, 지나간 것들이
보내는 당부

한옥등록제가 잘 정착되었는지 북촌에는 십수 년 전 프로젝트를 위해 현장 조사를 하던 때와는 달리 눈에 띄지 않던 뒷골목의 작은 한옥들까지도 수선을 마치고 단장되어 있었습니다. 공공에 의해 매입되어 지원 센터나 전통 공방 등으로 활용되던 '공공한옥'들도 쓰임이 확장되며 마을사랑방이나 책방, 전시 센터, 역사관 같은 다양한 용도로 사용되고 있었지요.

가회동 31번지를 돌아 나오며

우리가 북촌에서 보게 되는 도시형 한옥들은 공공한옥이나 상업 용도로 쓰이는 경우가 아니고서야 대부분이 주민들의 살림집이기 때문에 궁금하다며 담장 안을 기웃거리거나 때마침 대문이 열려 있다 해서 안으로 불쑥 들어가서는 안 되는 일이었습니다. 공공한옥은 여느 살림집처럼 삶의 온기가 느껴지는 생활공간으로서의 느낌이야 덜하지만, 대신 입장이 허용된 시간에는 언제든 들어가서 한옥의 독특한 구조와 분위기를 느껴볼 수 있었지요. 그사이 새로 매입되어 꾸며진 여러 공공한옥을 둘러보는 것도 오랜만에 북촌을 답사하는 큰 즐거움이 되었습니다.

한옥의 경관적 가치와 멋이 알려지고, 얼마간 심각한 멸실의 위기에서 벗어났다 해서 문제가 없어진 것은 아니었습니다. 북촌은 20년 전이나 지금이나 여전히 최전방에서 사투를 벌이며 그곳을 둘러싼 갖가지 변화에 대응하고 있었습니다. 주민들의 사생활과 재산권을 보호하라는 플래카드 아래 방문객들이 쉴 새 없이 지나가고, '쉿! 조용히 해주세요!'라고 적힌 푯말을 든 지킴이 선생님은 소리 없이 사진 찍는데 열중한 관광객 사이를 오가고 있었습니다.

코로나로 인한 일시적인 관광객 감소는 차치하더라도, 최근 몇 년간 단순히 방문객이 증가했다고 말해 버리기에는 버거운 오버투어리즘의 흔적들이 북촌이 또다른 변화의 국면에 접어들었음을 말해 주고 있었으니까요.

우리가 골목길에서 건진 인생 샷으로 즐거워하는 동안 우리 눈에 보이지 않는 수많은 법과 제도들이 이 동네가 겪어왔던 변화의 속도와 방향을 제어하고 있었지만, 그다음으로 마주할 변화가 어떤 형태로 다가올지는 누구도 모를 일이었습니다.

그날 이후로 북촌 곳곳을 여러 번 답사하는 동안 마을버스의 차창 밖으로 어리둥절하며 보았던 풍경에도 익숙해졌습니다. 솔직히 고작 몇 번의 답사만으로 그렇게 빨리 익숙해질 수 있다는 사실이 놀라울 정도였지요. 그러나 그런 익숙해짐 속에서 걷던 길을 다시 거닐 때조차도 생각은 늘 지금의 '변화'가 아닌, 예전의 '기억'에 더 가까이 머물렀습니다. 예전에는 이러지 않았는데… 또는 예전엔 이랬었는데… 하며.

아마도 너무 빠르게 익숙해져버리는 탓에 기억이 제동장치가 되어 우리에게 당부를 건네고 있는 것만 같았습니다. 그것만은 잊지 말아주었으면 좋겠다고….

그래서인지 당부한 기억들은 너무도 또렷해서 T자형 골목의 나날도, 여기 서서 낡은 한옥 너머 보이는 풍경을 어설픈 스케치로 옮기던 날도, 몇 번째 골목인 줄도 모르고 돌아다녔던 그날의 일도 엊그제 일인 양 생생하기만 하였습니다.

19 갈림길과 막다른 길

계동길과 창덕궁길 —————————————

살아가며 만나는
두 개의 길

'인생'이라는 긴 여정을 가는 데 가장 흔히 만나는 난관이 두 가지 있습니다. 하나는 '갈림길'입니다. 묵적墨翟 선생의 경우에는 통곡하고 돌아왔다고 전해집니다. 그런데 나는 울지도 않고 돌아오지도 않습니다. 우선 갈림길에 앉아 잠시 쉬거나 한숨 자고 나서 갈 만하다 싶은 길을 골라 다시 걸어갑니다. 우직한 사람을 만나면 혹 그의 먹거리를 빼앗아 허기를 달랠 수도 있겠지만, 길을 묻지는 않을 것입니다. 왜냐하면 그도 전혀 모를 것임을 알고 있기 때문입니다.

(…)

둘째는 '막다른 길'입니다. 듣기로는 완적阮籍 선생도 대성통곡하고 돌아갔다고 합니다만, 나는 갈림길에서 쓰는 방법과 마찬가지로 그래도 큰 걸음을 내딛겠습니다. 가시밭에서도 우선은 걸어 보겠습니다. 그런데 나는 걸을 만한 곳이 전혀 없는 온통 가시덤불인 곳은 아직까지 결코 만난 적이 없습니다. 세상에는 애당초 소위 막다른 길은 없는 것인지, 아니면 내가 요행히 만나지 않은 것인지는 모르겠습니다.

— 루쉰, 『루쉰전집 13』, 590~591쪽

길에 대한 수많은 이야기가 있습니다. 하지만 중국의 문학가이자 사상가인 루쉰[1881~1936]이 훗날 그의 아내가 되는 제자 쉬광핑[1898~1968]에게 쓴 편지글 속의 이야기만큼 와닿는 것이 또 있을지 모르겠습니다. 격렬한 학생운동의 와중에 분노와 절망으로 가득 차 있던 제자에게 루쉰은 '갈림길'과 '막다른 길' 이야기를 전해주었던 것이었지요.

아마도 쉬광핑뿐 아니라, 루쉰의 편지를 읽은 그 누구라도 그런 순간들을 떠올리며 가슴이 먹먹해졌을 것입니다. 살아오면서 이리저리 쌓인 경험들로 이제는 어떤 난관 앞에서도 갈 만한 길을 찾아 나아갈 수 있을 것 같지만, 그렇게 쉬운 일이었다면 처음부터 코끝 찡해질 일도 없었을 것입니다. 루쉰이 남긴 많고 많은 아포리즘 중에서 '갈림길과 막다른 길' 이야기를 좋아했던 건 애초에 울지도, 되돌아서지도 않겠다는 그의 의연함 때문이 아니었으니까요.

갈림길을 만나서는 통곡하며 돌아왔다던 묵적[BC 479년경~BC 381년경], 그는 제자백가 중 하나인 묵가를 창시한 전국시대의 사상가였고, 막다른 길에서 대성통곡하며 되돌아갔다던 완적[210~263]은 중국 위나라 때의 시인이자 죽림칠현 중 한 사람이었습니다. 깊은 통찰력으로 인생의 그런 난관쯤이야 거뜬히 헤쳐 나갈 것 같은 옛사람들이 한바탕 울

며불며 되돌아간 이야기는 반어적 표현임을 알면서도 그만큼 절절하게 다가왔습니다.

아마도 루쉰이 갈림길과 막다른 길 앞에서 옛 사상가들의 일화를 꺼낸 것도 자신의 결연한 의지를 그저 돋보이게 하기 위함만은 아니었을 것입니다. 어쩌면 그도 묵적 선생이나 완적 선생처럼 펑펑 울어봤던 것은 아니었을까. 그는 누구보다 잘 알고 있었을 것입니다. 아주 처음부터 아무렇지 않게 가시덤불 속을 헤쳐 나아갈 수 있는 사람은 없다는 것을 말이지요. 그러니 우리가 인생의 긴 여정에서 마주하는 두 개의 길은 한바탕 눈물바다를 만들지 않고서는 갈 수 없는 길입니다.

우리는 북촌로를 건너 계동길을 향해 걸었습니다. 마침 아이들과 가회동 31번지 일대를 둘러보고 키 큰 회화나무가 있는 골목으로 돌아 나온 참이었지요. 작년 가을, 혼자서 다녀간 뒤로 벌써 6개월이 넘는 시간이 지나 있었습니다. 우리는 북촌로와 창덕궁 사이에 낀 계동과 원서동 방향으로 천천히 걸음을 옮겼습니다.

오래전 그대로,
계동길

중앙고등학교 정문에서 현대 사옥 앞 계동궁터까지 남북 방향으로 곧게 뻗은 길이 바로 '계동길'입니다. 계동은 이 길을 가운데 두고 자리 잡은 동네이지요. 길의 모습도, 그 너머의 풍경도 바뀌었지만, 친구 셋쯤은 나란히 걸어도 충분할 길의 흔적만큼은 백여 년 전과 크게 다르지 않습니다.

가회동에서 계동길로 넘어가는 길은 몇 군데가 있지만, 북촌로를 건너 '동림매듭공방'에서 '북촌한옥청'을 지나가는 굽은 골목길이 괜찮을 것입니다. 한옥이 많이 남아 있는 이 골목도 예전에는 '가회동 11번지'로 불렸는데, 31번지처럼 드라마틱한 전망이 있는 것은 아니어도 담장들이 맞닿은 길목마다 옛 동네의 정취가 묻어나지요. 더구나 한옥청 앞의 꺾인 길을 지나 언덕에 이르면 맞은편으로 온갖 집들이 빼곡한 원서동 일대가 내려다보이고, 길은 언덕 아래 계동길로 이어집니다.

완만한 경사면에 자리 잡은 북촌의 길들은 대체로 북쪽에서 남쪽을 향해 형성되었고, 길 사이사이를 길쭉한 언덕들이 메우고 있습니다. 그래서 큰길에서 갈라져 나온 좁은 골목들이 마치 나뭇잎의 잎맥처럼 복잡한 형상을 만들어내지요. 특히 계동길이 그렇습니다. 중앙고등학교 정문에서 내려다보면 여느 동네의 흔한 길처럼 보이지만, 아무 데로나 한 걸음 들어가면 처마가 닿을 듯한 골목들이 어디서 시작되고, 어디서 끝나는지 모른 채 복잡하게 연결되어 있지요.

거기서 미처 생각지도 못한 갈림길을 만나거나 막다른 길이 돼서 쭈뼛거리며 돌아 나올 때면 그런 생각이 들곤 했습니다. 그것이 인생이라는 긴 길에서 마주할 수밖에 없는 거라면, 길 중간에는 이렇게 정

계동길

성 들여 키운 꽃 화분도 있고, 햇살 가득한 대문 앞으로 이웃들과 나무 의자에 나란히 앉아 수다 한판 나눌 수 있는 그런 길이었으면 좋겠다고요.

얼마쯤 걸어가니 길가에 덩그러니 놓인 '석정보름우물'이 보입니다. 보름간은 맑고, 나머지 보름 동안은 흐려져서 보름우물로 불린 석정石井은 도성 안에서 물맛 좋기로 이름난 곳이었지만, 복원된 후에도 투명 덮개가 씌워지기 전까지는 우물 안쪽에 늘 얼마간의 쓰레기가 버려져 있었지요. 최초의 외국인 신부 주문모[1752~1801]가 조선에서의 첫 미사 때 성수로 사용한 물이기도 해서 간혹 순례 중인 천주교인들을 마주치기도 하지만, 계동길을 걷는 사람들 대부분이 그 앞을 스쳐 지나갑니다.

이따금 들어선 작은 공방과 소품점, 수선을 받아 고쳐진 한옥이 큰길가에서나 눈에 띄었을 뿐, 계동길은 낡은 한옥과 양기와를 얹은 구옥 사이로 미용실과 철물점, 분식집 같은 점포들이 자리 잡은 조용한 동네였습니다. 계동길에서 보았던 목욕탕은 어린 시절 엄마 손 잡고 T자형 골목 너머로 다니던 목욕탕보다도 더 오래된 것이었지요. 수수한 가게 앞에서 셀카봉을 든 방문객 대신, 교복 입은 학생과 장바구니 달린 자전거를 탄 아주머니가 천천히 지나가던 풍경이 엊그제 일처럼 그려집니다.

한국화가인 제당 배렴[1911~1968]이 살던 집이자 전시 관련 공공한옥으로 운영되는 '배렴 가옥'을 지날 즈음엔 오가는 사람들도 부쩍 많아집니다. 국민학교 시절 학교 앞에서 사먹던 떡볶이와 맛이 똑같았던 분식집이 기념품점으로 바뀌고, 목욕탕도, 철물점도 문을 닫았지만, 그렇다 해서 아예 몰라볼 정도로 변할 수는 없는 길이었습니다. 변하는 것과 그렇지 않은 것들이 여전히 '계동길'이라 부르면 떠오르는 풍경

속에 담담히 머물고 있었지요.

그렇게 걷다 보니 그새 골목 안쪽에 자리 잡은 공공한옥인 '한옥지원센터'와 '북촌마을서재'에 이릅니다. 대문간 화단이 예뻐서 벌써 마음이 술렁이는데, 지원센터 선생님께서 멀리서 왔다고 반겨주시며 이런저런 설명도 해주십니다. 한 바퀴 둘러보고 위쪽 마을서재 툇마루에 걸터앉아 살랑이는 바람에 몸을 맡겨봅니다. 한옥이라는 공간이 만들어내는 설명하기 어려운 여유로움이 승모근에 첩첩이 쌓인 긴장마저 술술 풀어버리는 것 같습니다.

사거리로 나오니 길은 사람들로 북적입니다. 계동길 입구의 이정표 같았던 '최소아과의원'의 간판은 내려졌지만, 붉은색 이층집은 그대로였지요. 이제 이곳을 지날 때마다 계동 사람도 아니면서 레퍼토리처럼 '여기가 원래는 소아과였잖아!' 하며 아는 척을 할 것입니다. 거기서 더 내려가면 계동궁터 표석이 있고, 계동길은 율곡로와 만나며 끝이 나지만, 사거리에서 방향을 바꾸어 북촌길 언덕으로 걸음을 돌렸습니다.

창덕궁 담장을 따라
원서동으로

원서동 언덕배기에는 주거환경 개선을 위해 노후한 한옥을 헐어내고 들어선 빌라들이 한 방향으로 길을 따라 빽빽하게 자리하고 있습니다. 여운형집터 표석을 지나 빌라 골목으로 들어가면, 길은 우리가 지금까지 걸어왔던 것과는 전혀 다른 느낌으로 다가옵니다. 거기서 '고희동미술관'으로 바로 넘어가도 되지만, 우리는 가던 대로 창덕궁 담장을 따라 걸어봅니다.

낮은 언덕을 넘으면 창덕궁의 담장 너머로 구중궁궐이 연상되는 전각들이 한눈에 들어옵니다. 때마침 오후 햇살이 인정전仁政殿의 합각을 붉게 물들이고, 오밀조밀 에워싼 화려한 전각들은 이곳이 두 궁궐 사이에 터를 잡은 오래된 동네였다는 사실을 일깨워줍니다. 간혹 계동길을 거치지 않고 중앙고등학교 앞에서 원서동으로 넘어갈 때도 있었지만, 창덕궁길을 따라 신선원전의 외삼문과 빨래터를 보고 다시 되돌아 나오는 길이 북촌 답사의 마지막 여정이 되곤 했습니다.

창덕궁길은 담벼락 아래 자동차가 늘어서 있고, 늘 어디 한 곳은 공사 중이라 어수선했지만, 창덕궁의 숲을 보며 걷다 보면 금세 종로01번 마을버스 정류장에 다다를 수 있었습니다. 거기까지 이르고 나서야 원서동 이 동네에 왔다는 기분이 확실히 들었지요. 거기서 보이는 반듯한 은행나무 아래 한옥은 사실은 미술관이고, 가운데 개량 한옥을 두고 길이 갈리면 공공한옥인 '리기태전통연공방'이 있는 오른쪽 골목으로 들어가서 왼쪽으로 돌아 나왔습니다.

굳게 닫힌 신선원전의 외삼문 옆은 그 옛날 도성 안에서 이름난 빨래터였습니다. 지금은 겨우 모인 물줄기가 복개된 도로 아래를 힘겹

북촌로 언덕에서 본 창덕궁

게 흘러가고 있지만, 햇살만은 깊숙하게 차올랐지요. 그나마 있던 사
람들조차 가버리고 빨래터 앞 공터에는 흐르는 물소리만 가느다랗게
들릴 뿐이었습니다. 그래서인지 그곳을 돌아 나오는 길은 적막했지
만, 골목이 오후의 그림자로 다 덮일 즈음이면 민트색 대문의 한옥 한

채가 가는 걸음을 붙잡아주었습니다.

최초의 서양화가로 알려진 고희동[1886~1965]이 일본 유학 후 돌아와 직접 설계해서 지었다는 '고희동 가옥'은 2012년, 당시 모습대로 복원되어 구립미술관으로 개방되었습니다. 전통 한옥과 일본 가옥을 절충해서 지은 이 옛집에는 그곳에서 40년을 넘게 살았던 한 화가의 생애가 오롯이 남아 있습니다. 무엇보다 중정을 에워싸며 미로처럼 덧댄 좁은 복도를 종종거리다 보면 아파트에서는 쓸모없던 공간지각능력이 한껏 되살아났지요.

전시관과 화실을 모두 둘러보고 나왔습니다. 돈화문이 가까워지자 줄지은 관광버스 앞으로 외국인 관광객들이 삼삼오오 모여들고 있습니다. 그날의 일정을 마치고 관광버스에 오르는 관광객들은 피곤한 표정이 역력했습니다. 그들 눈에 우리도 그렇게 보였을 거예요.

나를 일으켜 세운
시행착오의 순간들

우리의 답사는 해가 바뀌어도 이어졌습니다. 아이들과 다니는 일이 얼마나 허술했던지, 쓸 만한 사진이 없다는 걸 핑계 삼아 재답사는 그 다음 해까지도 계속되었지요. 그런 시간을 보내고 있을 때 찾아온 무력감은 답사를 시작한 지 3년째가 되던 그해 여름을 아주 엉망진창

원서동 고희동미술관 앞

으로 만들어버렸습니다. 그것이 '갈림길' 쪽이었는지, 아니면, '막다른 길' 쪽이었는지 잘 모르겠습니다.

해가 중천이 되도록 소파에 몸을 구겨넣고 있다가, 학교에서 돌아온 아이들의 현관문 여는 소리에 놀라 벌떡 일어나곤 했습니다. 아무도 궁금해하지 않는 일을 한다는 것은 끊임없이 끓어오르는 내부의 동력 없이는 불가능한 일이었지만, 석탄도 땔감도 다 써버린 텅 빈 곳에는 아이들과의 추억은 쌓이지 않았겠느냐는 정신 승리만 남아 있었습니다.

그런 날들을 서너 달쯤 보내는 동안 조금씩 찬바람이 불어왔고, 그러고 나서야 한 발짝도 나아갈 수 없는 두 개의 길 앞에서 우리를 움직이게 하는 것의 정체를 어렴풋이 마주하게 되었습니다.

세상이 만만한 것은 아니지만 비빌 언덕 자리 하나 없는 것도 아니어서, 그것은 이리저리 눈물방울 튄 자리마다 겪었던 시행착오의 순간들이었습니다. 무수한 시행착오 끝에 남은, 어제보다 조금 나아진 것들이 어서 가야 한다며 널브러져 있던 사람을 일으켜 세우고 있었지요.

그렇게 시간이 또 흐르고, 겨울을 보내고, 다시 봄이 되어 찾아간 계동길과 창덕궁길은 여전히 몰라볼 수 없을 정도로만 바뀌고 있었습니다. 코로나의 여파로 공실이 되어버린 가게들, 리모델링된 카페, 새로 오픈한 미술관, 그리고 언제나 그대로일 것만 같은 것들까지….

우리는 늘 그랬던 것처럼 빨래터로 갔던 길을 반대로 돌아 나와 다시 '고희동 가옥' 앞에서 멈추었습니다. 그러고는 그날 답사를 함께해 주었던 아들에게 넌지시 물어보았지요. "오랜만에 왔는데 들렀다 갈까? 엄만 안 가도 돼." 대답 없이 멀뚱멀뚱 서 있는 아들에게 "그럼, 마당에 조금만 앉았다 갈까?" 하니 그제야 고개를 끄덕끄덕합니다.

막 새잎이 돋기 시작한 은행나무 아래 돌의자에 걸터앉아 마당을 훠이훠이 둘러봅니다. 소박하게 꾸며진 화단, 붉은 담장과 민트색 대문, 화가가 오랫동안 가꾸며 살았다던 집…. 옹기종기 모인 한옥 지붕 너머로 창덕궁 후원의 아름드리나무들이 작년에도, 재작년에도 그랬던 것처럼 어디서 부는지도 모르는 바람에 흔들리고 있습니다. 나뭇가지에 잔뜩 매달린 잎들이 서로 부딪치며 내는 소리가 쓸려가는 파도 소리처럼 아득하게 들려옵니다. 아, 이렇게 좋은 거였구나. 이렇게나 좋은 거였어!

20여 년 전, 구겨진 지도 한 장을 들고 처음 찾았을 때도, 무수한 갈림길과 막다른 길을 지나온 그 순간에도 그렇게나 좋았던 거였겠지요. 세월이 흐르며 잠시 잊고 있었지만, 가회동에서 계동으로, 다시 원서동으로 이어지는, 그래서 더는 궁금할 것도 없는 이 동네를 여전히 좋아하고 있다는 사실만은 변하지 않았던 것이었습니다.

20 모든 것들은 오고 가고

청계광장에서 오간수교까지 ——————————————

청계천에서 만난
새 봄

　여름내 책상 위에 방치되어 있던 팔레트의 뚜껑을 여니, 칸칸이 짜
두었던 물감들이 눅진하게 녹아 툭, 툭, 떨어져 나옵니다. 팔레트 가
장자리에 묻은 얼룩덜룩한 것들을 닦아내고, 다 쓴 펜들도 모아 버린
뒤, 연필과 미술용 지우개는 제자리에 잘 정리해 두었습니다. 몇 달 만
에 다시 그림을 그리려니 어깨가 뻣뻣해지고 붓을 쥔 손가락에 괜히
힘이 들어갑니다. 사진대로 그리면 되는 그림이지만, 집중이 흐트러
지면 큰 실수를 하게 되므로 긴장을 늦출 수 없습니다. 똑같은 그림을
두 번 그리는 것만큼이나 싫은 일은 없으니까요.

　겨우내 집안에 틀어박혀 밀린 그림을 그리고, 빈 원고를 채우느라
세상이 어찌 돌아가는지도 몰랐습니다. 다시 새로운 봄이 왔지만, 설
레는 마음으로 봄을 맞을 수 없던 건 모두가 마찬가지였을 거예요. 학
교에 가지 못하는 아이들에게 스마트폰 그만 봐라, 치워라, 씻어라, 잔
소리하며 보냈던 시간은 얼핏 온 세계가 겪고 있는 혼란과는 무관해

보였습니다. 오늘이 며칠이고 무슨 요일인지 잊고 지낼 만큼 단조롭게 반복되는 하루 속에서, 세상이 나의 의지와 상관없이 변해간다는 것, 그 변화에 무서우리만치 무덤덤해지는 것은 정말이지 이상한 경험이었습니다.

무수히 겪어온 시행착오와 거기서 얻은 깨달음들이 나를, 또 세계를 더 나은 방향으로 나아가게 하리란 것을 믿어 의심치 않았지만, 우리가 무엇과 마주하고, 어떤 선택을 하고, 그 결과를 어떻게 받아들일지 경험해 보지 않고서는 알 수 없다는 사실이 여전히 막막하게 다가왔습니다.

넋 놓고 보내버린 시간이 아까워 겨우내 작업에 매진하였지만, 긴 슬럼프의 터널을 빠져나왔다 해서 신명 나게 파이팅을 외칠 일은 아니었어요. 극심한 두통 끝에 남은 어지럼증처럼 경미한 우울감은 새로운 봄이 되어도 좀처럼 나아질 기미가 보이지 않았습니다.

그런 시간을 보내고 있던 겨울의 끝자락이었습니다. 며칠간 우중충했던 하늘이 모처럼 맑게 갠 날이어서 오랜만에 인사동과 익선동 답사를 나섰다가 이참에 덕수궁 북측 돌담길도 둘러본다며 정동으로 가던 중이었습니다. 종로3가를 지나 막 '전태일기념관' 앞에 이르렀을 때 눈앞에 청계천이 보였습니다. 빠듯한 시간에 그냥 지나쳤어도 됐을 텐데, 뭐에 홀린 듯 계단 아래로 내려갔습니다. 그러고는 징검다리를 건넌다며 물속을 홀깃 들여다보았다가 깜짝 놀랐던 거예요. 물속에 어른 손가락만 한 물고기들이 바글바글 떼 지어 노닐고 있었기 때문이었습니다.

그 겨울에 청계천의 상류에 이렇게나 많은 물고기가 있을 거라고는 생각도 못 했습니다. 이미 해가 기울고 있어 오래 머물지 못했지만, 정동 답사를 마치고 집으로 돌아오고 나서도 그때 들었던 청계천의 물소리, 거기서 보았던 물고기들의 잔상은 쉽게 지워지지 않았지요.

겨울이 되는 줄도 모르고 겨울은 지나갔지만, 겨울에서 봄이 되는 것은 그럴 수가 없었습니다. 봄은 도저히 모를 수 없는 방식으로 우리에게 찾아오니까요. 창밖으로 보이는 작은 하천 둔치의 버드나무가 하루가 다르게 푸릇푸릇해지고 있었습니다. 청계천의 버드나무도 꼭 저만큼 자랐을 테지요. 마스크를 단단히 쓰고 집을 나선 건 아직은 쌀쌀한 기운이 감돌던 4월의 봄날이었습니다. 흔쾌히 동의한 건 아니었지만, 한동안 답사에 따라나서지 않던 딸아이도 함께해 주었어요. 어느새 5학년이 된 딸아이에게는 이날이 마지막 답사이기도 했습니다.

광통교 다리를 지나

광화문역 5번 출구로 나오면 곧 청계광장입니다. 주말 '차 없는 거리'로 청계천 양옆의 도로가 통제되어 더욱 드넓어 보이는 광장에는 몇몇 사람들이 오가고 있습니다. 오랜만에 셋이서 답사 온 것에 들떠서 광장 초입에 놓인 화려한 소라탑 아래서 기념촬영이나 할까 하니 어느새 아이들은 뚱한 표정으로 내빼버립니다.

앞서가는 아이들을 쫓아가다가 문득 청계광장을 일부러 찾아와본 적이 없다는 생각이 들었습니다. 청계고가가 철거되고, 복개되어 있던 하천이 복원된 2005년 이후로 도심의 명소가 된 청계천을 한두 번 다녀갔던 게 아니었지만, 근처에서 볼일을 마친 후 틈틈이 들렀거나 잠시 지나갔던 것이 전부였지요. 엄밀히 말해 지금에서야 오로지 답사하는 마음으로 정식 답사를 나온 셈이었습니다. 그것도 복원된 지 15년 만에….

날은 흐리지만 옅은 구름 사이로 파란 하늘도 보이고, 청계광장에서 이어지는 인공 폭포에서는 한강물과 지하수가 쉬지 않고 수만 톤의 물을 흘려보내고 있습니다. 비록 빌딩 숲으로 둘러싸인 인공하천이지만 물가여서 그런지 상쾌함이 느껴지고, 앞서가는 아이들을 따라 제 발걸음도 절로 사뿐해집니다. 더구나 오늘은 어디로 갈까 고민할 일 없이 물 흐르는 방향대로 가면 되니 마음마저 새털처럼 가벼워집니다.

청계천의 첫 다리인 모전교를 지나면 광통교입니다. 광통교는 지금의 광교 위치에 놓여 있던 도성 안의 큰 다리였습니다. 정월 대보름이면 둥근 달을 보며 답교踏橋놀이도 하고, 어가 행렬이나 사신들도 지나던 중요한 다리였지요. 태종 10년1410 흙다리였던 광통교가 큰 물난리로 떠내려가자, 태종은 옛 정릉터에 남아 있던 병풍석을 가져다가 돌다리로 고쳐 짓도록 하였습니다.

광통교는 일제강점기에 전차 노선이 놓이고 교량이 확장되면서 일

광통교

부 해체되기도 하지만, 1954년 청계천이 복개될 때 난간석 일부만 이
전된 채 완전히 땅속에 묻히게 되지요. 그렇게 수십 년 동안 복개된
도로 밑에 숨겨져 있던 광통교의 석물들은 청계천 복원 공사로 거기
얽힌 사연과 함께 세상 밖으로 모습을 드러냈습니다.

정릉은 태조[1335~1408]의 계비이자 태종의 계모였던 신덕왕후[?~1396]의 능이었습니다. 1409년, 태종은 '1차 왕자의 난'을 일으키게 한 장본인이나 다름없었던 그녀의 능을 도성 밖으로 옮기고, 그 이듬해 정릉터에 남아 있던 병풍석마저 뭇 사람들이 밟고 다니는 돌다리의 축대로 사용하게 하였습니다. 그러니 당시 백성들도 후대의 사람들도 이러쿵저러쿵 말들이 많았겠지요. 더구나 몇몇 병풍석은 거꾸로 뒤집힌 채 놓여 있어서 한가운데 조각된 보살상이 엉겁결에 물구나무까지 하고 있습니다.

아이들에게는 크레인도 없던 시절, 얼마나 무거웠으면 저랬겠냐며 같이 웃고 말았지만, 뒤집힌 석물 앞에서 신덕왕후에 대한 태종의 마음이 어땠을지 상상해 보지 않을 수가 없습니다. 비둘기들이 제집처럼 드나드는 어두컴컴한 광통교 밑으로 당장이라도 뭉게뭉게 떠오를 듯 정성껏 돋을새김된 조각들만이 죽은 왕후를 향한 태조의 지극함을 전해주고 있었지요.

오간수교까지 걸으며
물고기의 즐거움을 엿보다

인공 폭포로 시작되는 청계천 상류가 현대적인 워터프런트의 느낌이라면, 광통교를 지나면서 풍경은 사뭇 달라집니다. 이른 4월이라

청계천 풍경

기슭에 심어진 나무들이 무성하진 않아도 바위와 수풀이 어우러진 그림 같은 시냇가의 모습이지요.

폭이 좁아진 물속에는 이름을 알 수 없는 물고기들이 이리저리 몰려다닙니다. 저렇게 유려한 방식으로 몸의 방향을 바꾸는 생명체는 세상에 또 없을 거라며 물고기들의 몸짓에서 눈을 뗄 수가 없습니다. 사람들의 걸음이 멈춰지는 것도, 시선이 자꾸만 물속으로 향하는 것도 다 같은 이유에서겠지요.

아무런 걸림도, 거리낌도 없이 맑은 물속을 유영하는 물고기들의 모습은 보는 이들로 하여금 '자유'의 이미지를 경험하게 합니다. 장자莊子가 호수濠水의 다리 위에서 한가로이 노니는 물고기들을 보며 "저것이 물고기의 즐거움"이라며 감탄했던 것도 아마 그래서였을 것입니다.

비록 한없는 '자유'와 '즐거움'이 물 밖에서 마주할 공포로부터 그들을 벗어나게 하지 못한다 해도, 그런 팍팍한 현실로부터 잠시만이라도 멀어질 수 있다면, 걸음을 멈추고 바라보는 일이 그리 수고로운 일만은 아닐 테지요.

청계천의 다리를 하나씩 지날 때마다 풍경도 조금씩 바뀌어갑니다. 사냥에 여념 없는 쇠백로 한 쌍이 모른 척 지나가던 사람들마저도 죄다 멈춰 서게 합니다. 옹벽 너머로는 정비사업을 마친 새 빌딩들이 즐비하고, 어디선가 나타난 팔뚝만 한 물고기들이 물 위에 비친 타워크레인의 그림자를 가르며 유유자적 헤엄쳐 지나갑니다. 사냥에 실패한 쇠백로가 사람들 시선이 멋쩍은지 파드득 날아오르고, 눈을 동그랗게 뜨고 보던 사람들도 그제야 가던 방향으로 걸음을 옮기기 시작합니다.

비록 거대한 펌프에 의해 인위적으로 끌어올린 물이지만, 물은 정교하게 설계된 구배勾配를 따라 흘러갑니다. 그곳에 물고기도 새들도 곤충들도 찾아와 녹록지 않은 그들의 삶을 살아가고, 우리도 흐르는 물 어디쯤에 마음을 놓아도 괜찮을 자신만의 자리를 찾아 머물다 갈 수 있습니다. 우리에게 필요한 건 무수히 쌓인 걸림과 거리낌을 내려놓고 잠시 앉았다가 아무도 모르게 툴툴 털고 일어설 장소일 테니까요.

그곳에 앉아 흐르는 물소리에 귀를 기울이면 그제야 한없이 자유롭고 즐거워 보이는 물고기들이 물살을 가르며 노닐고, 그것을 보다 보면 정말로 괜찮아질 수 있을 거란 느낌에 사로잡히게 됩니다. 그러니 장자도 분명 알고 있었겠지요. 호강의 다리 위에서가 아니었다면, 그도 결코 물고기의 즐거움을 말할 수 없었으리란 것을….

우리는 계속 걸었습니다. 몇 개의 다리를 더 지나면서 청계천의 물길은 눈에 띄게 잔잔해지고, 풍경은 수수해집니다. 웅성웅성 오가던 사람들도 뜸해지고 몇몇 무리만 남았습니다. 전태일다리(버들다리)를 지나 조금 더 내려가니 오간수교입니다. 청계천의 물길은 오간수교를 지나 도성 밖으로 흘러 나갑니다. 오간수교의 난간 위로는 머리만 빼꼼히 내놓은 사람들이 바삐 지나가고, 그 아래 오간수문터가 보이는 돌계단에는 검회색 해오라기 한 마리가 제가 그렇게나 가까이 다가가 카메라를 들이미는데도 도망칠 기색도 없이 물속만 뚫어지게 노려보고 있습니다.

청계천 풍경

쌓이고 파내고
개천에서 청계천으로

사방이 산으로 둘러싸여 그 아래 모인 개천의 물은 큰비가 오면 배수가 되지 않아 자주 물난리를 겪었습니다. 태종 6년[1406] 한성부의 정부丁夫 육백여 명을 동원해 최초로 개천을 정비한 이래로 세종 때까지 세심하게 관리되었던 개천은 이후 큰 변화 없이 유지되었지만, 영조 연간에 이르러서는 도성 안에 여러 심각한 문제들을 일으켰습니다.

양란 이후, 살 곳을 찾아 한양으로 몰려든 유민들이 개천 주변에 빈민가를 형성하면서 많은 양의 오수를 흘려보냈고, 무분별한 벌목으로 사방이 붉게 보일 만큼 황폐해진 산림으로부터 토사가 유입되면서 개천은 수표교의 기둥이 보이지 않을 만큼 퇴적물로 가득 차게 됩니다. 평상시에도 악취가 진동하는 데다 비가 오면 오물이 역류하고, 죽은 짐승이나 사람의 시체까지 내다 버리는 지경에 이르자, 영조는 숙고 끝에 개천 바닥을 파내는 '준천濬川'이라는 대역사를 벌이게 됩니다.

영조의 준천은 크게 경진년[1760]과 계사년[1773]에 이루어지는데, 경진 준천에 동원된 인원만 20여만 명이 넘었고, 그때 파낸 토사를 오간수문 근처에 모아 '가산假山'을 만들 정도였으니 당시 공사 규모가 어땠을지 짐작할 수 있습니다.

영조는 준천에 정성을 다했습니다. "나의 마음은 오로지 준천에 있다"면서 친히 오간수문으로 행차하여 부역 중인 백성들을 독려했지요.

석축을 쌓아 제방을 만들고, 그러지 못한 곳은 둑이 무너지는 것을 막기 위해 버드나무를 심어서 봄이면 오간수문 주변으로 치렁치렁 늘어진 버들이 일대 장관을 이루었다고 전해집니다.

천도 당시 자연 하천이었을 개천은 사람의 손에 의해 '열린[開]' 인공하천으로 바뀌었습니다. 개천은 조선 시대 내내 도성 안의 오수와 빗물을 흘려보내던 하수구이자 배수로의 역할을 하였고, 백성들은 물이 고인 곳에 모여 빨래하거나 기슭의 빈 땅을 메워 채마를 키웠습니다. 그야말로 도성 안 백성들의 삶과는 뗄 수 없는 일상의 공간이었지요. 그랬던 개천이 '청계천'이라는 고유명사로 불리면서 모습이 크게 바뀌게 된 것은 일제강점기에 들어서면서였습니다.

1925년, 을축년 대홍수 이후 옥류동천이나 삼청동천 같은 청계천의 주요 지천들이 먼저 복개되었고, 개천 본류의 복개 계획은 예산 등의 이유로 결국 광통교 일부 구간에서만 시행된 채로 해방을 맞이하게 됩니다. 그러나 이미 심각하게 오염된 데다 한국전쟁 이후 피란민들이 모여들어 기슭에 판잣집을 지어 살며 쏟아내는 오폐수로 인해 청계천 주변은 그야말로 악취가 진동하는 서울의 대표적인 슬럼가가 되고 말았습니다.

당시 심각했던 청계천 문제를 가장 효과적으로 해결하는 방법은 복개였습니다. 광통교 상류 구간을 시작으로 신답철교에 이르기까지 20여 년에 걸쳐 진행된 복개 공사는 1977년 마무리되었고, 더불어 광교에서 마장동에 이르는 청계고가도로도 1976년 완공되었습니다. 청계고가 위를 막힘 없이 질주하는 자동차들은 서울의 초고속 근대화의 상징처럼 보였지만, 다시 수십 년의 세월이 흘러 청계천 복원이 결정되었을 때, 그 역시 역사의 뒤안길로 사라지게 되지요. 당시 동대문구에 살고 있던 저도 두부 자르듯 잘려나가던 청계고가의 철거 장면을 먼발치서 신기해하며 지켜본 적이 있었습니다.

청계천을 다시 찾은 건 여름이 다 되어서였습니다. 다리 아래 그늘진 계단참마다 더위를 식히러 나온 사람들이 한가로이 머물고 있었지요. 다산교를 지났을 때는 영조의 준천 때 심었다던 버드나무가 설마 저건가 싶을 만큼 무성히 자란 버들 군락이 긴 가지를 바닥까지 늘어뜨리고 있었습니다. 내려갈수록 인적은 드물어지고, 투명한 물속에는 고운 모래가 깔린 바닥 위로 더욱 커다란 물고기들이 제 몸을 따라 느릿느릿 그림자를 새겨놓고 있었습니다.

흐르는 물소리, 짙어진 녹음, 드문드문 지나는 사람들, 사냥에 여념없는 쇠백로와 왜가리, 풀숲에 숨은 청둥오리, 또 그곳에서 살아가는 수많은 다른 생명들, 그리고 그 너머 보이는 높이 솟은 빌딩들…. 그늘 하나 없는 땡볕 속에서 머리가 어질어질해지고 말았지만, 모든 것이 청계천을 이루는 풍경이었습니다. 이렇게 거대하고 복잡한 도시 속에서 청계천이 만들어내는 공간의 힘은 그만큼 경이로웠고, 그것은 제가 모르고 있던 청계천의 또다른 모습이기도 했습니다.

아주 오래전 '개천'이라는, 이름조차 없었을 때도 이곳으로 물은 흘러들었겠지요. 쌓이고, 파내고, 또 쌓이고, 파내는 인간들의 다사다난

한 역사가 전개되는 동안에도 물은 흐르고, 우리는 개천의 시대와는 너무도 달라진 청계천을 걷습니다. 그것은 호강의 장자도 부럽지 않을 만큼 제게 놀라운 경험이었습니다.

이곳을 지나 크게 굽이친 물길은 중랑천과 합쳐져 한강으로 흘러갑니다. 흘러간 물은 얼마간 섞이고 흩어지고 다시 모였다가 청계광장의 폭포수가 되어 이리로 흘러올 것입니다.

그것은 어찌 보면 멈추지 않고 어딘가로, 또 무언가로 계속해서 변화해 간다는 의미일 것입니다. 그러나 변화의 모든 것이 반가운 일만은 아니겠지요. 쉽게 잊히더라도 끝은 해피엔딩이기를 바라지만, 우리가 걷는 길 끝에서 마주하게 될 풍경이 어떤 모습일지는 알 수 없습니다. 그러니 소설가 프란츠 카프카[1883~1924]가 그의 일기 마지막에 썼다는 한 문장을 떠올리며 저도 길었던 저의 여정을 마무리하려 합니다.

> 모든 것들은 오고 가고
> 또 온다.

우리의 발걸음도, 흐르는 물도, 우리가 보았던 풍경들과 가면 오지 않을 것 같던 시간들도, 오고 가고 또 올 것입니다. 그렇게 다시 오는 것들을 웃는 얼굴로 맞이할 수 있을지 확신할 수 없지만, 아마도 괜찮을 것입니다. 늘 그랬던 것처럼.

오간수교 가는 길

걸어온 길들이
오래된 풍경이 되고…

서울에 사는 동안 저는 서울이 가진 많고 많은 것들 가운데 '오래된 길'들이 만들어내는 분위기에 매료되었습니다. 그것이 뭔가 좋았던 시절을 떠올리게 한다거나, 성향이 유별나게 과거 지향적이어서 그랬던 건 아니었습니다. 대학 선배에게서 한 통의 전화를 받고 그때까지 살던 곳을 떠나야겠다고 다짐했을 때, 저에겐 추억 소환이나 취향 따위를 운운할 여유가 없었습니다. 더구나 서울은 '오래된 길' 말고도 저를 놀라게 하는 것들로 가득 찬 곳이었으니까요.

합격 통지를 받고 얼마 후 학교를 찾아갔을 땐 하필 얼마나 많은 눈이 내렸던지, 반대쪽 출구로 잘못 나가서 지저분한 눈길을 헤매다가 겨우 학교에 도착했을 땐, 혼이 반쯤 나가고, 바지 밑단은 눈 녹은 흙탕물로 시커멓게 젖어 있었습니다. 눈 쌓인 선로 위로 고압 전선들이 얼키설키 지나가고, 높게 둘러친 방음벽, 그 위로 보이는 무표정한 아파트와 빌딩들, 낡은 이층집들, 그리고 재빠르게 역 계단을 오르내리는 사람들이 있었습니다. 서울은 저에게 그런 곳이었습니다.

원대한 포부나 대단한 미래를 꿈꾼 것도 아니었어요. 익숙함으로부터 벗어나야 한다는 생각, 서울에 가야겠다는 목표가 있었을 뿐, 솔직히 가서 무엇을 해야 할지도 몰랐습니다. 저는 모르는 것, 못하는 것투성이였고 그 사실이 늘 부끄러웠습니다. 부끄러움은 입을 다물게 했고, 잘 해내야 한다는 조바심과 사람들 앞에서 가만히만 있지 말고 좀 더 적극적인 자세를 취해야 한다는 강박은 방음벽 너머의 낯선 풍경들과 함께 언제나 저를 긴장시켰습니다.

성북동쉼터에서 한양도성을 따라 오르며 본 풍경들은 서울이라는 드넓은 바다에서 부유물처럼 떠다니던 제게 안도감으로, 불안을 잠재우는 진정제로 다가왔습니다. 더구나 그것은 하나같이 길을 품고 있었습니다. 묵은 이끼로 뒤덮인 성곽 옆 오솔길, 낡은 지붕을 맞댄 골목길, 본모습을 꼭꼭 숨긴 채 복개된 옛 물길, 고층 빌딩 사이로 웅크린 이름 모를 소로들, 그리고 근사한 건축물에 둘러싸인 탐방로와 잘 정비된 산책로까지, 수없이 얽히고설킨 길들이 저를 그리로 이끌었습니다.

시야에 담기는 건 별것 아닌 데다, 정작 중요한 건 놓치기 일쑤였지만, 그렇게 길을 걷다 보면 어깨를 스치며 지나가는 모르는 사람들과 작은 풀꽃, 여장의 유난히 검은 부분이라든가, 구멍이 뚫린 총안의 규칙이라든가, 긴 오후 햇살로도 닿지 않는 한옥 처마의 어두운 곳까지 자세히 볼 수 있었지요.

그러다 우연히 들어선 비좁은 골목길을 빠져나와 되돌아본 순간, 비로소 걸어온 길들이 오래된 풍경이 되어 눈앞에 나타났습니다.

> 역사는 사실의 나열만으로 이루어지지 않는다. 역사가 우리 실존에 어떤 의미체로 등장하지 않으면 그것은 역사가 아니다. 역사가 된다는 것은 이미 의미를 가지게 되었다는 것이다. 의미(historical significance)라고 하는 것은 반드시 나 여기 오늘의 삶의 정감 속으로 투입되어야만 한다.
>
> — 김용옥, 『우린 너무 몰랐다』, 219쪽

서울이라는 거대하고 복잡한 도시 속에 어렵게 남아준 오래된 풍경들이야말로 그렇지 않을까 생각했습니다. 아무리 대단한 유구라도 누군가의 경험 속에서 어떤 의미체로 남지 못한다면 그것은 낡은 조형일 뿐…. 아무리 보잘것없는 유구라도 누군가에게 의미체로 수용될 때, 그것은 역사적 가치를 뛰어넘어 무엇보다 소중한 무언가로 전해질 수 있을 것만 같았습니다. 그리고 나서야 '나 여기 오늘의 삶의 정감 속'에서 각기 다른 수많은 의미체로 아로새겨진 이 도시를 '역사 도시'라 부를 수 있게 되는 것은 아닐지.

그러나 서울을 역사 도시로 인식해 가는 과정이 그렇게 술술 전개된 것만은 아니었습니다. 서울은 이따금, 아니 자주, 낯선 것만도 못한 도시였으니까요. 조선 왕도의 수도인 한양 이전의 시간으로 거슬러 올라가는 유구한 역사성이야 의심할 여지가 없다 해도, 제가 겪었던 역사 도시로서의 경험은 마치 그렇게 보려고 하면 그것만 보이는 것처럼 제가 보고 싶었던 서울에 지나지 않았기 때문이었습니다. 그것은 녹록지 않은 서울살이의 와중에 많은 위안과 영감을 주었지만, 그렇기 때문에 오히려 개인의 협소한 자기 경험의 범주에서 벗어나지 못한 채 기억이 되고, 추억이 되며 지나가버린 것이었습니다.

시간은 흐르고, 어느 날 문득 정신을 차리고 보니 저는 두 아이를 데리고 그때 보았던 오래된 풍경을 찾아 길 위를 헤매고 있었습니다. 그 5년간의 여정에서 무엇보다 인상 깊었던 건, 오랜만에 찾은 곳에서도, 처음 가본 곳에서도 그것들은 끊임없이 변화하고 있다는 사실이었습니다. 밤사이 기습 철거 되던 역사적 건축물, 고민 없이 지워버리던 옛길, 옛 물길의 흔적은 옛것과 새것이 혼합된 새로운 공간으로 탈바꿈되고, 이전에는 볼 수 없던 다채로운 스토리텔링과 주제 의식이 확실한 전시관이나 박물관의 건립으로 이어지고 있었습니다.

그것은 거대한 담론 아래서 '정책'과 '제도'로서 일사불란하게 행해진 것이겠지만, 어쩌면 기억되는 것보다 빠르게 잊어버릴 수밖에 없는 변화의 거센 압박 속에서 우리가 지나가는 것들을 기억하기 위한 방식이기도 했습니다. 그래서 그들이 보내는 당부는 과거와 비교할 수 없을 만큼 다양해진 '보전'과 '활용'의 이유가 되어 우리 도시가 거쳐왔던 길고 긴 시간의 의미와 흔적을 덤덤히 되돌아보게 했던 것이지요.

그러나 보전의 당위와 이해득실이 계산되는 과정에서 오래된 풍경은 또다른 압박감에 시달리고 있었습니다. SNS 속 배경으로 마주한 고색창연한 역사 도시의 이미지는 그 한 장의 사진을 위해 지나치게 급조되고 있다는 기분을 떨칠 수 없었습니다. 그들을 둘러싼 환경은 우리의 즐거운 기분만으로는 이해하기 어려운 복잡한 관계를 맺고 있고, 대책을 요구하는 플래카드의 문구는 유효하며, 강화유리 속에 갇힌 옛 도시의 흔적들이 결국 그들의 변화도 얼마간 유행과 트렌드의 범주에서 벗어날 수 없음을 보여주는 것만 같았으니까요.

가을이 눈부시던 어느 날, 우리는 경복궁 건춘문 앞을 지나고 있었습니다. 길가에 심어진 은행나무들이 어쩌나 샛노랗게 물들었던지 공기마저 노랗게 보일 지경이었지요. 거기서 어디로 가든 괜찮았지만, 종친부에서 복정우물터로 이어지는 뒷골목은 아무 기척이 없어 좋았습니다. 그림자만 나뒹구는 담벼락을 지나 오랜만에 찾은 우물터에는 아주 맑은 물이 조금 고여 있을 뿐이었지요. 그 위로 제멋대로 자란 목련 한 그루가 곳곳에 낙엽을 떨구어놓은 바람에, 우리는 누렇게 마른 잎들이 잔뜩 쌓인 계단을 밟으며 삼청동 윗길로 올라갔습니다.

'코리아' 글씨가 선명한 굴뚝 아래, 난간에 기댄 사람들은 곱게 단풍이 든 아름드리나무들이 만들어내는 가을 풍경을 카메라에 담느라 분주했습니다. 우리도 북촌 언덕배기의 전망대에 올라 우리의 답사를 마무리하고 있었습니다. 세상에 변하지 않는 것은 없고, 저는 그것이 늘 신경 쓰였지만, 수없이 보았던 저 풍경 속에서 도무지 무엇이 변했고, 무엇이 변하지 않은 건지 알 수 없었습니다.

희망이란 본시 있다고도 없다고도 할 수 없는 거였다. 이는 마치 땅 위의 길과 같은 것이다. 본시 땅 위엔 길이 없다. 다니는 사람이 많다 보니 길이 되어버린 것이다.

— 루쉰, 「고향」, 「루쉰전집 2」, 104~105쪽

오늘도 오래된 풍경이 그림처럼 걸린 길을 걸으며 그 위에 던져지는 무수한 질문들을 떠올려봅니다. 다니는 사람이 많아져야 길이 되듯, 다정한 시선을 보내며 즐거운 미소를 지으며 걸어가는 사람이 많아진다면, 그 길 어디쯤에서 답을 들을 수 있지 않을까.

이미 여러 번 보았는데도, 늘 처음 보는 것처럼 보이는 것들이 있습니다. 세상에 변하지 않는 것은 없다 하나 어차피 존재할 수밖에 없는 거라면, 그렇게 존재하는 많은 것들 중에서 잊히지 않고 오래 남아 지금 여기 있어준 오래된 풍경들을 향해 다시 한번 존경과 찬사의 마음을 전하고 싶습니다.

북촌전망대에서 바라본 북촌

• **단행본**

강명관, 『조선후기 여항문학 연구』, 창비, 1997

강세황, 『표암유고』, 지식산업사, 2010

권혁웅, 「꽃잎과 담장」, 《다층》, 2002

권혁웅, 『마징가 계보학』, 창비, 2005

김경민, 『건축왕, 경성을 만들다』, 이마, 2017

김기호, 『역사도심 서울-개발에서 재생으로』, 한울아카데미, 2015

김도형, 『순성의 즐거움』, 효형출판, 2010

김용옥, 『우린 너무 몰랐다』, 통나무, 2019

대통령경호실, 『청와대와 주변 역사문화유산』, 대통령경호실, 2007

서울역사박물관, 『한양의 골목에서 조선을 보다-공평도시유적전시관』, 서울책방, 2018

서울역사박물관, 『남산에서 찾은 한양도성』, 서울책방, 2014

서울역사박물관, 『서울 한양도성』, 서울책방, 2015

서울역사박물관, 『옛 서울 지도』, 서울책방, 2016

서울역사박물관, 『청계천 버드나무』, 서울책방, 2015

서울역사편찬원, 『조선시대 다스림으로 본 성저십리』, 서울책방, 2019

서유구 지음, 안대회 옮김, 『산수간에 집을 짓고』, 돌베개, 2005

서유구 지음, 임원경제연구소 옮김, 『이운지1』, 풍석문화재단, 2019

심경호, 『산문기행: 조선의 선비, 산길을 가다』, 이가서, 2007

심산, 『산과 역사가 만나는 인문산행』, 바다출판사, 2019

염복규, 『서울의 기원, 경성의 탄생』, 이데아, 2016

유본예 지음, 장지연 옮김, 『한경지략-19세기 서울의 풍경과 풍속』, 아카넷, 2020

유홍준, 『나의 문화유산답사기 9-서울편 1』, 창비, 2017

유홍준, 『나의 문화유산답사기 10-서울편 2』, 창비, 2017

윤동주, 『윤동주 전 시집』, 스타북스, 2019

이태준, 『무서록』, 범우사, 2005

이태호, 『서울산수』, 월간미술, 2017

진경환, 『조선의 잡지』, 소소의 책, 2018

홍기원, 『성곽을 거닐며 역사를 읽다』, 살림, 2010

홍순민, 『홍순민의 한양읽기: 도성』, 눌와, 2017

최순우, 『나는 내 것이 아름답다』, 학고재, 2002

최열, 『옛 그림 따라 걷는 서울길』, 서해문집, 2012

최열, 『옛 그림으로 본 서울』, 혜화1117, 2020

최준식, 『익선동 이야기』, 주류성, 2018

한국문화유산답사회, 『서울: 답사여행의 길잡이 15』, 돌베개, 2004

홍경모 지음, 이종묵 옮김, 『사의당지, 우리 집을 말한다』, 휴머니스트, 2009

레이첼 카슨, 『센스 오브 원더』, 에코리브르, 2012

루쉰, 『루쉰전집 2』, 그린비, 2010

루쉰, 『루쉰전집 13』, 그린비, 2016

제이콥 발테슈바, 『마크 로스코』, 마로니에북스, 2006

조지 로스, 『호주 사진가의 눈을 통해 본 한국 1904』, 교보문고, 2004

헨리 데이비드 소로우 외, 『소로우에서 랭보까지, 길 위의 문장들』, 예문, 2013

• 인터넷사이트

고전동양종합DB, http://db.cyberseodang.or.kr

구본준, 〈서울의 보물이 된 물탱크, 무슨 사연이길래〉, 한겨레블로그

문화재청 국가문화유산포털, https://www.heritage.go.kr

서울역사박물관, https://museum.seoul.go.kr

서울한양도성, https://seoulcitywall.seoul.go.kr
서울한옥포털, https://hanok.seoul.go.kr
조선왕조실록, http://sillok.history.go.kr
한국고전종합DB, https://db.itkc.or.kr
한국사데이터베이스, http://db.history.go.kr
한국역사정보통합시스템, http://www.koreanhistory.or.kr

오래된 길들로부터의 위안

초판 1쇄 2022년 9월 26일
초판 2쇄 2022년 11월 05일

지은이 | 이호정
펴낸이 | 송영석

주간 | 이혜진
기획편집 | 박신애 · 최예은 · 조아혜
외서기획편집 | 정혜경 · 송하린
디자인 | 박윤정 · 유보람
마케팅 | 김유종 · 한승민
관리 | 송우석 · 전지연 · 채경민

펴낸곳 | (株)해냄출판사
등록번호 | 제10-229호
등록일자 | 1988년 5월 11일(설립일자 | 1983년 6월 24일)

04042 서울시 마포구 잔다리로 30 해냄빌딩 5 · 6층
대표전화 | 326-1600 **팩스** | 326-1624
홈페이지 | www.hainaim.com

ISBN 979-11-6714-050-0

파본은 본사나 구입하신 서점에서 교환하여 드립니다.